我
们
一
起
解
决
问
题

哈佛高效学习法

学习法

张胜男 单思聪 刘苏仪◎著

人民邮电出版社

北京

图书在版编目（CIP）数据

哈佛高效学习法 / 张胜男，单思聪，刘苏仪著．
北京 ：人民邮电出版社，2024． -- ISBN 978-7-115
-64946-1

Ⅰ．G442

中国国家版本馆 CIP 数据核字第 2024CS4417 号

内 容 提 要

　　在当今快节奏的社会中，高效学习已成为每个人不可或缺的技能，而哈佛大学以其优秀的学术资源和遍布各界的影响力，一直以来都是无数学子心中的"藏宝阁"。本书作者通过大量实例和科学研究，证明了正念能够有效提高学习效率，使学习变得更加专注和深入，并且深入浅出地介绍了哈佛大学多年研究和实践积累的高效学习方法，以帮助读者在繁忙的生活中快速掌握新知识，提升自我。同时，书中还提供了提高专注力和学习力的有效解决方案——专注力正念练习，读者可以根据书中的引导内容进行练习，提高大脑的灵活性。

　　本书所讲述的方法不仅适用于学生，也适用于职场人士和终身学习者。我们相信，只要掌握了这些方法和策略，每个人都可以告别低效勤奋，成为学习高手。

◆ 　　著　　张胜男　单思聪　刘苏仪
　　责任编辑　陈斯雯
　　责任印制　彭志环

◆ 人民邮电出版社出版发行　　　北京市丰台区成寿寺路 11 号
　　邮编 100164　电子邮件 315@ptpress.com.cn
　　网址 https://www.ptpress.com.cn
　　北京盛通印刷股份有限公司印刷

◆ 开本：787×1092　1/32
　　印张：6.25　　　　　　　　　2024 年 9 月第 1 版
　　字数：100 千字　　　　　　　2025 年 9 月北京第 4 次印刷

定　价：49.80 元
读者服务热线：（010）81055656　印装质量热线：（010）81055316
反盗版热线：（010）81055315

前 / 言

在这个日新月异、信息爆炸的时代，学习已经成为每个人生活中不可或缺的一部分。然而，面对海量的知识和不断更新的技能需求，如何高效地学习，如何在有限的时间内获取最大的学习效益，成为了摆在我们面前的一大挑战。

同时，生活在互联网时代，我们的注意力不断被各种事物所分散。在这个"太忙""压力太大"的时代，我们似乎总是在努力利用生命中的每一分、每一秒。即使在休息，我们也常常戴着耳机听音乐或看短视频，试图填满生活中的每一点空隙。如果我们仔细看"忙"这个字，"忙"是心亡了，即心迷失了方向，这便会导致盲目地忙碌，不能发掘自己的全部潜能，而只是机械地视物和做事。在这些时刻，我们迷失了自我心中最深层的东西，而正是这些深层的东西使我们能够创造、学习和成长。

正是基于这样的背景，我们撰写了《哈佛高效学习法》这本书，希望能为广大读者提供一套科学、实用的学习方法和策略。

本书的核心理念是"用正念提升学习效率"。正念，即积极的、专注的、清晰的心理状态，是高效学习的关键。本书结合了正念冥想的科学研究和实践案例，旨在向读者展示如何通过培养正念来提高注意力、减少焦虑，并最终提升学习效率。书中的前两章介绍了正念的科学基础和心理生理学原理；第三章和第四章通过 21 天的正念实践和日常练习，给读者提供了可逐步建立并巩固正念习惯的方法；第五章则列举了一些可供参考的实用案例。

正念的练习并非一蹴而就，而是一个逐步深入的过程。从初学者到熟练的实践者，每个人都可以在自己的节奏中逐步探索和实践。人生是由每一个当下的每一个碎片构成的，在觉察当下的这个过程中，正念将帮助我们认识到，真正的成长和效率提升来自于对自我的深刻理解和对生活的热爱，而非盲目追求学业上的成功或外在的认可。这种由内而外的改变，是本书的核心目标，也是我们希望每位读者都能体验和实现的。

在本书的写作过程中，我们参考了哈佛大学及其他世界顶尖学府的教学经验和研究成果，希望读者能够通过阅读本书，真正掌握用正念提高学习效率的精髓，并在实践中不断运用和完善。

最后，我要感谢所有为本书付出努力的人，也要感谢所有读者对本书的关注和支持。

目 录

第三章　提升专注力：高效学习与工作的方法工具箱

觉察自我 / 067

觉察环境 / 084

觉察与外界的互动 / 090

第四章　一天正念练习

第五章　他们的成功你可以复制——场景应用案例

第一章

为什么生活越丰富，
你的效率越低

从分心到专注：掌控你的注意力

这个时代，每时每刻都有无数事物竞相争夺着你的注意力。社交媒体上不断涌现的消息和通知，电子邮件的不断刷新，学习和工作的压力，以及其他各种干扰源，都在不断地试图吸引你的注意力，让你分心。

当你正准备开始学习或工作时，手机上突然弹出的社交媒体通知，告诉你有人给你发送了消息，或点赞了你的帖子。于是，你打开了社交媒体应用程序，本打算只花几分钟浏览，却发现自己被无数个有趣的帖子、视频和图片所吸引。

时间不知不觉地流逝，你发现自己花了大量时间在社交媒体上，而你本应专注于更重要的学习。你不禁感到焦虑，一方面，你担心错过了重要的信息或与他人失去联系；另一方面，这种焦虑会分散你的注意力，让你难以专注于手头的事情，导致学习效率下降。

注意力的缺失也让我们更容易以非理性的方法应对我们的情绪问题，从而加剧恶性循环。当代正念减压疗法的创始人、美国分子生物科学家及冥想践行者卡巴金博士就曾指出，人们往往通过两种途径应对挫折：一种是沉迷于酒精、药物、食物、互联网、电子产品和社交平台这些只能提供短暂慰藉而长期可能导致成瘾的行为；另一种则是压抑自己的情感，从而在人际关系方面与社会疏远甚至脱节。

长此以往，不仅我们的身体健康和社会功能会受到威胁，专注力缺失所导致的不在当下的生活方式，还会影响我们的自我认知。哈佛大学有史以来第一位获得心理学终身教职的女性埃伦·兰格（Ellen Langer）教授就在她著名的《专念：积极心理学的力量》一书中提到如下几种专注力缺失的负面后果和正念的积极作用。

1　狭隘的自我认知与自尊的降低。正念练习帮助我们
　　清晰且理性地进行自我觉察，若是缺少这样的觉察，
　　我们会无意识地限制自己的潜力。

2　无意识的伤害行为。正念练习可以帮助我们更加清
　　楚地了解自己目前所处的状态，时刻觉察行为的动
　　因和后果。

3　行为失控。最常见的就是广告，商家往往利用人们
　　在无意识状态下缺乏自控能力的特点来实现其利益。
　　正念练习可以帮助我们增强自我控制力，使自己在
　　面临各种选择时能够更加理智。

4　习得性无助。心理学家马丁·塞利格曼（Martin
　　Seli-gman）等人的研究显示，即使在有解决方案的
　　情况下，持续的徒劳感也会阻止人们成功的可能性。

这时，我们就需要用清晰的自我认知来打败这样的念头。

学会抵制这些干扰，集中精力在当下的任务上，是培养正念专注力的关键。通过采取有效的注意力管理策略，我们可以摆脱焦虑，提高工作和学习效率，享受更加有意义和充实的生活。

专注力：当下最稀缺的资源

罗伯特·斯坦布里奇（Robert Stembridge）在他的著作《正念高效工作》中指出，现代人大多数都处于所谓的PAID状态，即感到压力巨大（Pressured）、始终处于忙碌状态（Awlays-on）、信息超载（Information-overloaded）和经常被干扰的工作环境中（Distracted）。专注力匮乏这一现象悄然无声地蔓延开来，且无人可以问责。如果我们长期无法从PAID的状态中解脱，因专注力匮乏而引发的长期压力就会导致难以聚焦、无法安静、分心干扰、思绪混乱，并产生与之相关的睡眠障碍、情绪失控、身心失调，从而使我们变得暴躁易怒，或带来压抑、抑郁等负面情绪。当我们遇到

"卷不动"的时候，不少人就会选择"躺平"，放弃努力，甚至"摆烂"。

面对这个现实，我们需要寻找一种适应信息爆炸时代的学习方法和技巧。正念专注力成为了关键。注意力是一位狡猾的"时间旅行大师"，它可以在一瞬间跳跃到过去或未来。有时候，我们的身体可能在一个地方，但我们的注意力却在另一个地方。我们可能坐在教室里，但心里却想着晚上的聚会，或是脑海里还回忆着昨晚的电影情节。注意力自由自在地穿梭于时间和空间之中。然而，注意力有一个特点，就是在焦虑或有环境压力的情况下，它的表现就会比平时差。当我们感到压力和焦虑时，我们的注意力往往会受到干扰，无法集中。同样，当我们感到无聊时，我们的注意力也会被内部的干扰所扰乱。我们会开始神游，思绪漫游到与当下任务无关的地方。因此，要想提升注意力，我们就要学会管理情绪和环境，并培养专注的能力。正念专注力可以帮助我们意识到当下的状态，抵制外界的干扰，集中注意力在手头的任务上。通过培养正念专注力，我们能够更好地管理压力、提高学习效率，并保持内心的平静。

利用正念提高专注力，养成正念习惯

在专注的状态中将一件事做到极致胜过平庸地做一万件事。

陈一鸣（Chade-Meng Tan）在谷歌任职工程师，他曾在自己的书中提到，"自我认识是客观看待自己、从第三人称的角度理解我们的思想和情绪的能力，而这需要稳定、清晰、不带评判的注意力"。那么这种如此重要的注意力背后的科学原理又是什么呢？

视觉注意力可以被比作"聚光灯"——你的目光就像是

黑暗里的聚光灯，只照亮你集中精神看着的物体。我们分辨处在"聚光灯"光圈下的物体的能力更强、速度更快，识别出的图像分辨率也就更高。从脑科学的层面来看，我们的视觉皮层的 V4 和 TEO 区域显示出与注意力集中程度呈正相关的活动水平的提升。同时，被试者的行为也表现出注意力集中程度的提高。这些区域的神经活动也受到额顶叶——被认为与注意目标选择及空间定向注意力有关的高阶区域——的控制。与 V4 和 TEO 区域活动水平上升以帮助注意力集中在目标区域相反，对可能分散注意力的潜在干扰的抑制与背侧及腹侧纹状体皮层相关。同样的，额顶叶也在抑制干扰的过程中起到作用。额叶眼区提高 V4 活动水平并参与抑制干扰。

如果说额顶叶与视觉皮层的互动可以解释为什么目光所在的聚光灯下是明亮的，而聚光灯外都是一片黑暗，那我们是如何移动并选择聚光灯的焦点的呢？这项任务需要视觉皮层不同区域之间的竞争互动，如 V1、V2、V4、MT 区域。需要注意的是，重要的不是某个区域的神经元的活动，而是神经元与神经元之间的水平连接，以及对这些水平连接强度的调节。

下面，我们进行一个"身体—头脑—心智"自我检视的练习。

在日常忙碌的学习、工作和生活中，我们常常忽略了自我内在的声音和感受。通过这个小练习，我们可以重新连接自己，认识身体—头脑—心智的状态。

请你找一个舒适安静的地方，选一个让自己放松的坐姿或站姿，深呼吸三次，感受空气流经你的身体。首先，让我们开始身体的自我检视。闭上眼睛，关注身体的感觉。扫描自己从头到脚的身体感觉，注意身体的每一个部位。今天，我的身体感觉如何？是轻盈还是沉重？有没有紧绷或疼痛的感觉？通过这种自我觉察，我们可以更好地理解自己身体的需要，及时疏解紧张和疲劳。

接着，让我们观察头脑的状态。我的思绪在哪里？是杂乱无章的还是清晰明了的？是否感到疲劳或混乱？有没有过多不必要的念头？ 我们可以通过这种自我反观了解头脑的状态。如果感到杂乱，你可以寻找适合自己的方法来冷静思维，让大脑重新聚焦。

然后，让我们转向心智的自我检视。不加判断地接纳当前的情绪状态，是快乐、焦虑、悲伤还是愤怒？我们可以倾听内心的声音，认识情绪的起伏，也可以选择释放不良情绪或寻找情绪的平衡。

最后，体会以上三者的关系，思考身体、情绪和心智如何互相影响。然后，再次深呼吸三次，感谢自己完成了这次尝试。

通过这样的身体—头脑—心智自我检视，我们能够更深入地了解自己，找到内心的平衡和安宁。这样的练习可以帮助我们更好地面对挑战，更有自信地迎接生活中的变化，并且更加关注自己的身心健康。在快节奏的现代生活中，我们时常需要停下脚步，倾听内心，找到心灵的平静。

第二章

面对低效与走神，
你不是无能为力

改变的基本原理——神经可塑性

大脑肌肉

第一章提到的陈一鸣在他的书里讲了这么一个好玩的例子：

伦敦的出租车需要在伦敦的两万五千条街道上行驶，如何在其中快速找到最短的道路并到达目的地，这是一个困难的任务，可能需要两到四年的强化训练来准备。实践研究表明，伦敦出租车驾驶员大脑中与记忆和空间导航相关的部分——海马体——比普通人更大、更活跃。这不是很有趣吗？一个人在伦敦驾驶出租车的时间越长，他的海马体就越大、越活跃！

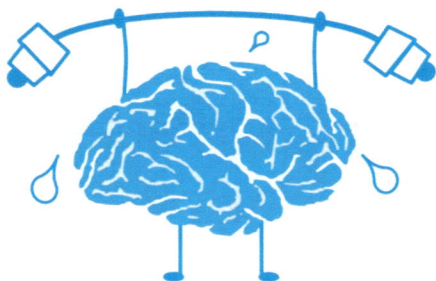

这个例子背后的生理现象叫作"神经可塑性"。通俗地说，大脑也像肌肉一样，是可以被锻炼的。重复经验，如每天在伦敦的大街小巷穿梭，可以调节大脑神经元之间连接的强度，从而改变大脑的结构和功能。

许多研究表明，"大脑肌肉"确实是存在的。研究发现，熟练的冥想者的大脑能够产生高振幅的伽马脑电波，这种脑电波通常显示主人正处于高效的记忆、学习和感知活动中。更重要的是，就算这些行家不在冥想训练中时，他们的基线伽马脑电波活动水平也比一般人更高，这证实了冥想训练的确可以改变人们在休息时的大脑状态。

类似的研究结果还有：大卫·克雷斯韦尔（David Creswell）和马修·利伯曼（Matthew Lieberman）发现正念可以让大脑在处理信息时能够利用更多的神经网络通路，如腹内侧前额叶皮层（VMPFC）和右腹外侧前额叶皮层（RVLPFC），后者能够在大脑对情绪立即作出反应前踩下"刹车"，并且促进执行中枢内侧前额叶皮层（MPFC）的激活，下调杏仁核的活动水平，这些反应都可以帮助大脑更好地处理各种复杂情境。

如果上述这些正念对大脑造成的直接改变可以被称为正念的一级效应，那这些大脑改变进一步导致的变化则是正念的二级效应。虽然我们不能在日常生活中感知到大脑层面的变化，但正念的二级效应却与我们的生活质量息息相关。

早在 1985 年就有科学证据说明，正念冥想对慢性疼痛患者的病情有明显帮助和改善。患者表示疼痛程度、焦虑、抑郁和止痛药服用量都有显著减少，10 周的训练成效可以保持 15 个月。也有相关研究表明，正念对现代人常见的关节炎、背痛和肩颈痛等有减轻症状的功效。根据卡巴金教授的说法，疼痛在人的一生中可能是不可避免的，但我们如何对待疼痛是可以选择的。正念可以降低评估疼痛的大脑区域的活动，同时减少岛叶的激活以抑制对即将发生的疼痛的预期。从生理学的角度来看，这种干预可以直接作用于传递疼痛感觉信息的神经通路，从而改变我们对疼痛的感知。

与生理疼痛不同的是，另一种常见的疼痛与心理状态的关系更大——躯体化症状，这个词是用来描述一种以生理不适的形式经历、表达心理压力，并为之寻求医疗的倾向。尽管这种疼痛对经历者是绝对真实的，但往往没有任何医疗检测能够证明它们的存在。这种情况下，正念练习者大脑中的下丘脑 - 垂体 - 肾上腺轴（Hypothalamic-Pituitary-Adrenal Axis，HPA）水平更低，这有助于减少皮质醇水平，而皮质醇水平被认为与躯体化症状的显著程度呈正相关。

与现代生活心理亚健康状态息息相关的除了躯体化症

状，还有低免疫力。在正念如何提高免疫力的研究中，皮质醇又一次被发现是"罪魁祸首"。科学家发现，刚完成正念减压（Mindfulness-Based Stress Reduction，MBSR）训练及完成训练一个月后的乳腺癌女性患者在免疫学上达到了"无癌"的水平，这体现在免疫系统健康水平的自然杀伤细胞活动水平及细胞因子平衡状态都恢复正常，而这种变化被认为与降低的皮质醇含量有关。

除了脑科学，正念还能通过分子生物学的途径产生作用。研究发现，长期冥想者血液白细胞基因组中的端粒区域甲基化显著减少，这样的变化能够影响脂质代谢和动脉粥样硬化。研究还发现，持续的正念训练能提升乳腺癌患者细胞中的端粒酶活性，从而帮助其保持健康的细胞功能。

锻炼幸福"肌"

无论是在学习还是生活中，我们都会碰到很多意料之外的事情，而改变对当下的认知就是我们对幸福的选择。东晋诗人陶渊明有一首诗："结庐在人境，而无车马喧。问君何能尔？心远地自偏。"这首诗特别能够反映"以心转境"的境界。试想，在一个热闹喧哗的集市，你坐看人来人往却心如止水；虽有丝竹乱耳、孩童嬉闹，你仍怡然自得。这种境界难道不是很美妙吗？相信陶渊明在作这首诗时，内心一定是安定的，是"境随心转"的。心之可远，地之自偏，才会有"采菊东篱下，悠然见南山。山气日夕佳，飞鸟相与还。此中有真意，欲辨已忘言"这样的绝世佳句。

著名神经科学教授理查·戴维森（Richard Davidson）长年致力于研究正念冥想过程中大脑结构的变化。他在一项为期八周的正念冥想临床观察中发现，冥想组成员的前额叶比不练习冥想的对照组有更明显的活跃状态，而前额叶的活跃与积极情绪的增加密切相关。因此，正念冥想能够通过激活大脑左前额叶来帮助练习者摆脱消极悲观的情绪。长期保持稳定的练习，大脑的结构会有一定的改变，练习者的积极心态也会显著增加。

平衡情绪并不是压抑或尝试对抗摆脱我们的情绪，而是以一种觉察的状态，让我们能够察觉情绪，从而用温和、坦诚和智慧的方式来对待它们，与情绪做朋友，做出更明智的决策，并以更积极的方式应对学习和生活中的各种情境。

下面，我们一起来做一个"情绪红绿灯"的练习。

我们都有这样的生活经验：过马路时要看红绿灯，红灯亮时就停下来，耐心等待，否则可能会受伤害；绿灯亮了，我们才能平安通过。同样，在我们心中也有这样一个信号系统——情绪系统。

我们内心的情绪系统就像红绿灯一样，引导着我们的情绪。

1. "红灯停"：三思而后行

当我们感受到不好的情绪时，就像红灯亮了一样，这个信号提醒我们遇到了问题，情绪化的反应无法解决问题。这时，我们应该停下来，深呼吸，意识到情绪的存在，可以从

1 数到 10 让自己先冷静下来。

2. "黄灯想"：说出问题所在，及时表达你的感受

当理智开始控制我们的思维时，黄灯就亮了。这个时候，我们可以开始思考是什么事件让我们有如此强烈的情绪，我们可以从客观地表达自己的情绪开始，"我现在感觉到十分委屈，因为我花了半天时间写的作文提纲被否决了"。所有人的核心愿望都是自己是有价值的，但被否决并不代表你不够聪明或者你就此失去价值。我们可以通过和对方核实事实的方式去探索自己的核心情绪和需求。

3. "绿灯行"：积极解决问题

这个信号告诉我们可以继续前进了。我们可以运用理智思考和决策，采取合适的行动来解决问题或面对挑战，积极面对和解决已经发生了的问题。

最后，请你再回想一下，你遇到过哪些让你生气的场

景？假如事情再次发生，你是否可以使用正念缓解你的焦虑
和情绪呢？

积极心理学家怎么说

在追寻幸福的道路上，我们常常努力创造快乐的条件，
却常常忽略了我们创造快乐的能力。

积极心理学的开创者马丁·塞利格曼（Martin Seli-
gman）教授说："在信息鼓噪、潮点时朽的社会里，我们总
是很难寻觅到真正的快乐，'幸福课'应该是每个人的必修
课。"积极心理学通常被称为"研究人类最佳潜力的科学"。
1998 年，时任美国心理学会会长的马丁·塞利格曼将"积
极心理学"作为一个新的心理学领域正式提出。

积极心理学这一领域竟然能够在以商学、经济学著称的
哈佛大学校园中脱颖而出，超越商学、经济学成为一门备受

追捧的学科。它如此受欢迎，迅速席卷全球，究竟有何魅力呢？它以何种方式吸引越来越多的人为之倾倒呢？

在哈佛大学，有一门备受学子们喜爱的课程，那就是泰勒·本·沙哈尔（Tal Ben-Shahar）的"幸福课"—— 一门关于积极心理学的课程。

一位曾经患有严重焦虑症的哈佛大学就读学生说："许多哈佛学生都没有意识到，即使那些看起来很积极、很出色的学生，也可能正面临心理疾病的困扰。即使你是他最亲密的朋友，你也未必能察觉到他们内心的问题。"她向泰勒·本·沙哈尔求助时描述道："我经常感到窒息或者即将死去。"为了入睡，她常常需要把自己关在房间里，不知道为什么会不断地哭泣。她曾咨询过多位心理医生，尝试了六种不同的药物，甚至休学了两个多月，但都没有任何改善，而她并不是唯一一个有这种经历的人。正是在 2004 年，当泰勒·本·沙哈尔再次开设"幸福课"的时候，哈佛大学进行了为期六个月的调查研究。这项调查发现，学生们普遍面临着心理健康危机——80% 的学生至少有一次感到非常沮丧和消沉，47% 的学生至少有一次因为沮丧而无法正常工作，还有 10% 的学生承认他们曾有过自杀的念头……

无论是在校园内还是更广泛的范围内，情况都不容乐观。根据当年的统计数据显示，在美国，抑郁症的患病率比 20 世纪 60 年代高出 10 倍，而抑郁症的发病年龄也从 20 世纪 60 年代的 29.5 岁下降到 21 世纪初的 14.5 岁。在这段经济与文化的繁荣期，财富与自由并没有使年轻人感到更加快乐。根据世界卫生组织统计，目前我国有超过 2 亿人患有心理问题，其中有超过 80% 的职场人士存在心理健康问题。截至目前，抑郁症已经超过癌症，成为仅次于心脑血管疾病的人类第二大疾患。而在抑郁症患者中，中青年占了极大的比例。每年自杀的个案中，绝大多数都是青年人，而这些人之所以自杀，大多是由于压力过大患了抑郁症所致。

在焦虑和无助不断增长的同时，积极心理学开始兴起。正是在这个时刻，泰勒·本·沙哈尔毅然决然地选择了投身于积极心理学。自那时以来，他坚定地认为：幸福感是衡量人生价值的唯一标准，是所有目标中的最终目标。金钱、权力和药物并不能构成治愈不幸的灵丹妙药，唯有寻找根植于我们内心的积极天性、品格优势及战胜困难的勇气和力量，才能治愈我们心灵的创伤。

积极心理学继承了人文主义和科学主义心理学的精华，修正并弥补了心理学的某些不足，打破了以往固有的悲观人性观念，转向更加重视人性内在的积极之处。它与过往的心理学有以下几处不同。

首先，它必须是科学可证的。积极心理学建立在心理学科学的基础上，运用应用心理学的原则进行研究和实践。若积极心理学缺乏科学知识作为基石，人们往往会因在尝试中发现效果不佳而放弃。

其次，它必须是积极的。心理学可以涉及一些弗洛伊德的精神分析，如抑郁、焦虑、自杀等问题，然而，这些并不能真正改善人的状况。几百年来，我们持续讨论这些心理学问题，却始终未能彻底解决人类的心理健康问题，这引发了心理学家们的反思。

我们需要通过积极的力量来转移、替代、升华消极的力量，这至关重要。例如，在家庭教育中，情绪调节就非常重要。积极心理学中有一些简单的情绪调节技巧和知识，可以快速改变我们的身心状态，让我们学会如何控制负面情绪的强度。

最后，它必须是知行合一的。许多人的问题在于，他们掌握了知识却停留在理论层面，不将其付诸实践，这样就没有任何意义。知识固然重要，但实际行动更重要。我们清楚原生家庭对一个生命个体的影响是巨大的，它像是一个剧本一样引导着我们看待及面对问题的方式，但人从来不是被过去或未来所决定的，实际上，我们唯一能做的就是当下的选择。

幸福感的创造不仅仅依赖于外部条件，更取决于我们当下个人的内在力量和心态。

一个人要获得真正持久的幸福感，最重要的就是发现和了解自己最好的品质、最擅长的才华，反复在生活中实践，化枯燥为乐趣，并为更大的意义、更高的目标服务。

——马丁·塞利格曼

一位美国心理学家曾做过一项关于美好生活需求的研究，研究范围涉及全球 30 多个工业化国家。在这项研究中，他询问了人们一个简单而深刻的问题：你心目中的美好生活是什么样的？

最终的研究结果发现，不同国家的人给出了不同的回答，这也反映了不同民族文化的特色。在我国，人们认为"四世同堂，儿孙绕膝"是美好生活的重要元素。然而，在其他文化中，人们可能有不同的定义和关注点。美好生活的需求是与文化紧密相关的，并且因人而异。然而，这项研究也揭示出四个普遍适用的美好生活需求，它们是人类积极心理的共同特征。

首先，是爱的满足。我们渴望体验到真挚的爱，这种爱可以是来自伴侣、家人、朋友，甚至是对祖国、民族和文化的热爱。爱能够激发我们内心的温暖和亲密感，使我们产生莫大的幸福感。

其次，自我效能感是我们追求美好生活的重要要素之一。自我效能感是指我们对自己能力和价值的感知。当我们认为自己有价值、能够影响和改变事物时，我们就会拥有自信和积极的心态。这种心态让我们充满朝气和活力，助力我们追求个人成就和幸福。

再次，快乐的体验是我们向往美好生活的重要组成部分。快乐能够释放大量的多巴胺、催产素和血清素等神经递质，让我们感到愉悦和满足。快乐的体验可以来自于各种各样的活动和情境，如阳光明媚的天气、与亲朋好友的欢聚、追求自己的兴趣爱好等。

最后，寻求生活的意义是追寻美好生活的核心需求之一。意义并非仅存在于哲学和神学的深邃领域，而是融入我们的日常生活。当我们内心深刻体悟生活的真正意义时，我们将享受到内心的满足和心灵的宁静。这种感悟可以来自我们对自然美的赞美、对人际关系的呵护、对人生目标的追求等方面。

这些研究成果与马斯洛提出的需求理论异曲同工。当我们满足了最基本的温饱需求后，我们开始追求更多社会层面的认可和自我价值的实现。其中，赋予事物以意义，可以大大提升我们对当下的满意程度。

同一件事，出于不同的需求而产生不同的动机，从而采取不同的方法与手段，结果自然也会有所不同。生存和归属的需求是第一层和第二层的基本层级，其性质偏向"利己"，如渴望实现财务自由，获得同伴的尊重与认可等。然而，当人们迈向第三层的自我实现需求时，自我价值就会得到实现。

假设我们都是作家，如果我们的动机来自于第一层的生存需求，我们会思考如何让收益最大化。为了实现这一目标，我们必须抓住热点话题，采用现在最受欢迎的文体来撰写文章，以吸引更多的读者。然而，如果我们的动机来自于第二层的归属需求，我们关注的会是如何获得更多的赞同和认同。我们会运用一些技巧来实现这一目标。然而，如果我们的动机源自第三层的自我实现需求，我们的思考将会不同。我们关注的将是如何传递知识和观点，确保信息的真实性和准确性，努力帮助更多的人。我们将尽己所能，努力不失真地分享知识和认识。

在对生活意义的探讨中，心理学家阿尔弗雷德·阿德勒（Alfred Adler）提出了一个观点：人生的真谛在于展现自我优势和潜能，成就更加完美的个体，并以此为基础改善社会、增添世界的价值。通过你的贡献让"善"在世界上增加，让你的存在使世界变得更宜居。

幸福不仅是一个美好的目标，真正的幸福来源于你对自身所拥有的优势的辨别和运用，来源于你对生活意义的理解和追求。幸福感是可控的，它可以被定义、测量、传授和提升。

——马丁·塞利格曼

积极心理学的研究发现，聆听心灵的呼唤其实是一种积极的生活方式。在某种程度上，聆听心灵的呼唤就是发现人生的意义。

——彭凯平

在谈及心理学时，我们常常将其与西方联系在一起。然而，许多西方学者认为心理学的起源可以追溯到中国。在美国，心理学被定义为研究个体行为的科学，似乎与心灵无关。然而，虽然脑科学是心理学的基础，但以字面意思来看，心理学与心灵息息相关，但它也是一个独立的学科。就像哲学是心理学的基石一样。心理学全名 Psychology，其中"Psyche"一词源自希腊语"psykhe"，音译为"普塞克"，是罗马神话中的灵魂女神。根据词根的含义，我们可以知道，心理学是关于灵魂的学问。

那么，"心"指的是什么呢？在我国的文化中，心乃生之本，神之变也。汉字的字形十分有内涵，思想、情感和意志，心理学的三个要素都以"心"作为基础。

老子曾说过："知人者智，自知者明。"《孙子兵法》中也提到了"知己知彼，百战不殆"。我国的阳明心学中所说的"心外无物，心外无理"则强调的是每个人的内心都是丰盈具足的，而你的世界就是你的选择。正念的实践就是让我们暂停内心的杂念，把心沉下来，找到内心深处的平静。

正念引领幸福探索

做人最不容易的就是了解自己。

——苏格拉底

对幸福而言，人们感知世界的方式比客观环境更重要。幸福不仅是取决于我们的处境或我们银行账户里的存款金额，而是更依赖于我们的思想状态，依赖于我们选择关注什么。这是因为我们的感情由外部和内部状况一起决定，如何去诠释很重要。而正念是指我们对当下的想法、感觉与环境产生自我觉知之后，带着开放的心态与好奇心，不带任何主观判断地去全盘接受。

正念指的是一种特定的意识状态，即全神贯注地、故意地、非判断地观察和感知当前的身体感觉、情绪和思维。

如今，正念已经成为一种普遍适用的心理健康和自我成长的实践方式。许多心理学治疗方法和自我管理技巧都采用了正念的理念和方法，帮助个体提高专注力、减少压力和增强内心平静。乔·卡巴金（Jon Kabat-Zinn）是这么解释正念的："正念就是一刻接着一刻，不带评价地觉察。培养正念是透过刻意将注意力放在我们平常不留意的事物之上。这是一套有系统的方法，让我们在生活中发展新形态的运作、控制与智慧，其基础在于我们有安置注意力的内在能力，以及用特定方式专注而自然升起的觉察、领悟与悲悯。"通过培养正念，我们能够意识到并接受当前的体验，而不是被过去或未来的思虑所困扰。

马萨诸塞大学医学院（University of Massachusetts Medical School）的两位研究人员基于心理幸福感量表对"正念提升幸福感"进行了实验，他们发现，随着正念练习的时间增加，练习者在心理幸福感量表的得分也会越来越高。这意味着通过正念冥想练习，我们可以提升自己的心理幸福水平，并且坚持的时间越长，提升的效果越好。

生活中大多数的阴霾归咎于我们挡住了自己的阳光。

——拉尔夫·爱默生（Ralph Emerson）

情绪：照见我们内心的一面镜子

能控制好自己情绪的人，比能拿下一座城池的将军更伟大。

——拿破仑

情绪是我们生命中重要的组成部分，是我们对外在体验的表达。喜悦、愤怒、悲伤、恐惧，每一种情绪都有其独特的目的和意义，提醒我们遇到了问题，报告我们自身的状态，并反映出我们内心真正的需求。当我们真诚地表达情感时，它能够成为人与人之间的强大纽带。回想一次精彩的演出，我们往往不太记得具体内容，但却清晰地记得它让我们全身起鸡皮疙瘩、产生情感共鸣的那种感觉。同样地，当我们聆听一首歌时，情感共鸣成为我们与歌手之间建立联系的桥梁。

> 那些精神自由，保持独立思考的人也正是擅长控制自己情绪的人。
>
> ——尼采

情绪是我们内心世界的一面镜子，反映出我们对外界事件的感受和反应。正面地管理情绪可以让它为我们所用，同时，当我们没有办法自己掌控情绪的时候，它则掌控了我们的精神状态、身体状态和心理状态。理解和接纳情绪是我们与自己建立深刻连接的关键，只有拥有了稳定的情绪，我们才能全身投入到学习和工作中。

哈佛大学心理学博士丹尼尔·戈尔曼（Daniel Goleman）将自我意识定义为"了解一个人的内部状态、偏好、资源和直觉"。它扩展到更广泛的"自我"领域，如了解我们自己的优势和劣势，而不仅是某一时刻经历的情绪。咏给·明就仁波切用一个诗意的比喻来形容情绪，他说："当你看到汹涌的河流的那一刻，就意味着你已经超越了它。同样，当你认知到一种情绪的那一刻，你就不再完全陷入其中了。"

情绪不应该被压抑或忽视，而是应该被认可和表达。没有人比我们更了解自己了，通过倾听和理解自己的情绪，我们可以更好地了解自己的需求，并寻找适当的方式来满足它们。

静观给心灵留下腾挪的空间

审视一下自己，你是否时常有以下感受。

1　不允许自己休息，仿佛有一股无形的力量在驱使你不断忙碌，稍微放松一下就觉得在浪费时间和生命，停下来就会感到心虚和空虚，从而导致无法好好休息。

2　当遇到延误或交通拥堵时，你会变得非常沮丧、不耐烦，甚至气急败坏。

3　总是想要在最短的时间内完成最多的事情：你会思考，在微波炉加热食物的 30 秒内，是否可以做些其他事情来充分利用时间？

4　经常查看待办事项清单，沉迷于划掉任务带来的满足感，然后迫不及待地转移到下一个任务，总觉得自己落后于计划进度，无论完成了多少工作，都感觉自己在追赶时间。

5　在日常生活中（如购物、与朋友聊天、做饭）和学习中都表现得非常急躁，即使稍微晚一点，也会引发焦虑感。

如果你也有以上的感受，那么你很可能患有"匆忙症"。

现代人都不允许自己停下来，总觉得要做些什么自己才有价值，无聊的时候也要听个歌，看个视频，反正就是不能让自己好好待着。问问自己，你是否要通过外在的忙碌来获得内心的安全感呢？

我们太习惯于行动，却缺乏"什么也不做，只是静止"的能力。神经科学家们发现了一个相互连接的大脑区域网络，它被称为默认模式网络。它包括内侧前额叶皮层、扣带回前部、后扣带回与楔前叶，以及两侧顶下小叶等重要区域，这个网络对于遐想和焦虑的调控来说至关重要。它就像一个无法安于平静的活泼小宝宝，当我们的思维平静下来时，它就会活跃起来；而当我们专注于某个任务时，它则会安静下来。默认模式网络对自我监控和认知控制起着重要作用，它主要承担三个功能：创造自我意识、沉浸于过去或未来、寻找潜在问题。如果没有外部刺激吸引我们的注意力，这个网络就会活跃起来，我们便容易心不在焉。它让我们失去对当下的体验，陷入无尽的思绪之中。当一个人过于沉迷于自己的思维且陷入焦虑等不良心理状态时，往往容易导致多种精神疾病的发生，如孤独症、精神分裂症和创伤后应激障碍等病理性精神疾病，而这些都与默认模式网络息息相关。

当我们深陷困境时，静观就很重要。静观可以帮助我们与情绪和思考拉开一段距离，让我们得以更全面、清晰地看到生活这部"剧"，而不至于迷失其中，从而拥有更多内在的自由空间。耶鲁大学助理教授贾德森·布鲁尔（Judson Brewer）研究发现，正念练习可以有效地改变大脑中与默认网络相关的潜在神经机制的激活与连接，减少个体走神、焦虑、注意力缺陷等情况的出现，帮助练习者更好地活在当下，减少过多的担忧。

简单而有效的自我关怀方法

"自我关怀是自我放纵吗？我很难过，所以我可以每天看剧，一天吃 10 个冰淇淋，天天躺平吗？"

静观自我关怀的两位创始人表示："自我关怀是指你如何对待一个深陷困境的朋友，就如何对待自己。即使当朋友犯错、自卑，或遇到艰难挑战时，你依然会用善意来对待他。自我关怀就是在我们最需要的时候，学着做自己的好朋友、内在的盟友，而非敌人。但一般而言，我们对自己却不像对朋友那样好……"所以，亲爱的自己，我知道你很难过，你可以看剧放松一会儿，也可以吃点儿有营养的食物，还可以好好睡一觉，但你要知道，痛苦是生活的一部分。

要想拥有一个稳定的内核，我们就要学会自我关怀。

自我关怀并非自我批评。当我们内心出现责备和批评的声音，感到困惑和沮丧时，如"为什么我这么愚蠢，什么都学不会"，我们并不能从中获得进步，相反，情绪会变得更加低落，我们也会失去自信心。

开创慈悲聚焦疗法（CFT）的心理学家保罗·吉尔伯特（Paul Gilbert）认为，人在自我批判时，我们会启动身体的防御系统。这套系统很善于保护我们的身体免遭不测，当我们感知威胁时，身体会释放皮质醇和肾上腺素，做好战斗、逃跑或僵住的准备。同样，当我们觉得自己不够好时，自我概念受到威胁，就会攻击问题的所在：我们自己！

静观自我关怀的两位创始人认为，幸好我们还有养育行为系统。哺乳动物体内会释放催产素（爱的激素）和内啡肽（让你产生良好感觉的物质），它们会降低压力，提升安全与保障的感觉。自我关怀仿佛搭建了一座情感之桥，让我们可以与自己建立更深层的连接。这座桥使我们能够更加接纳自己，培养内在的安全感，宛如温暖的怀抱环绕着我们。在这种内在的安全感和情感联系的滋养下，我们能够减轻焦虑和压力的重负，让身心得以恢复健康的平衡。

通过培养自我关怀和正念的能力，我们就像是在打造一把钥匙，能够开启自己情感和心理需求的门锁。我们能更加敏锐地察觉自己的情绪，更有效地管理和调节它们，让内心的波澜归于平静。同时，我们的自信和自尊也得到了增强，让我们能够更加坚定地站在自己的立场上，面对世界。这样的内在转变也反映在我们的人际关系中，我们能够建立更加健康、更有意义的连接，与他人更加深入地交流和理解。

就如同母亲呵护着婴儿一样，我们对自己倾注了关怀和呵护，让内在的情感世界得到滋养和成长。这样的内在框架不仅促进了我们个体的成长和幸福，还成为我们应对挑战和困境的坚实支持，让我们在人生的旅途中更加坚强而有力。

正念专注力和记忆力不是空穴来风

为什么有些人比你更有精力，能在同样的时间做更多的事呢？有些人可以同时兼顾学习和兴趣爱好，而你一回家就想躺下休息呢？

在《暗时间》一书中，作者刘未鹏指出，迅速进入专注状态并能够长期保持专注状态是高效学习的两个最重要的习惯。他将我们的脑力资源比喻为七个小球，专注的人能够长时间让这七个小球同时关注一件事情，从而确保高效地学习。放弃"一心二用"的时间管理法，每次只做一件事也许就会游刃有余。

那么，为什么冥想会对提升专注力起作用呢？在《长期正念练习者的自我诱导提升灰度系数》一文中，学者认为练习正念改变了人体大脑的左侧颞下回和右侧海马两个区域，并增加了其中的灰质密度。这两个区域对应着人类对思维的控制能力，通常与我们的注意力、记忆力和学习能力密切相关。因此，练习正念冥想可以改善我们大脑的内部结构，有效提升我们的学习能力，让我们变得更加高效与专注，在应对挑战与困难时也能够更加自如。

专注力的高低可以通过伽马波来衡量。理查·戴维森（Richard Davidson）教授对受试者进行大脑检测后发现，长期练习冥想者的脑中有比普通人更强的伽马波，即使不进行冥想时，他们依然可以维持较高的伽马波数据。同时，受试者也表示在冥想时会感到大脑的思绪极度清晰。这些发现证明，长期练习正念冥想能够帮助我们提升专注力。

说到记忆力，冥想还有助于缓解与年龄相关的记忆丧失并帮助提升记忆力。在美国麻省总医院发表于《脑成像与行为》（*Brain Imaging and Behavior*）杂志的一项研究中，研究人员发现，接受正念冥想训练的参与者脑部左侧海马体体积增长，并在记忆测试中的错误率下降。这项研究首次将记忆力的提升与正念冥想训练后海马体的变化联系在一起，证明了正念冥想能够提升个体的注意力，维持长期的良好记忆，并减少过往记忆的干扰。

美国宾夕法尼亚州伯克斯县的幼儿园老师道恩·斯奈德（Dawn Snyder）注意到，孩子们在情绪调节、身体意识，以及听力和口语技能方面出现了越来越多的问题。这可能是由于屏幕使用时间增加而导致的注意力缺失，而网络授课的方式进一步影响了孩子的社交技能及他们在社区中与他人建立关系的能力，"正念瑜伽时间"项目正是为了解决这些问题而创立的。正念的引入旨在帮助孩子们调节和管理他们的行为，这在很大程度上减少了孩子们未来需要进行行为干预的情况，从而也减轻了个人、家庭和社会的负担。同时，行为问题的大幅减少也意味着孩子们学习时间的增加。

无独有偶，弗吉尼亚大学（University of Virginia）教育与人类发展学院的教育学教授帕特里夏·詹宁斯（Patricia

Jennings）20 年来一直致力于应用正念练习来帮助教师管理课堂。我们可能没有意识到，课堂有时是一个压力很大的空间，对教师及学生的认知和情感能力都有要求。詹宁斯的研究表明，正念练习有助于课堂中的每个人更深入地理解当前的情境，并设身处地地体会他人的观点，防止教师和学生因压力而产生误解，从而提高学习效率。

为了应对儿童和青少年日益增加的焦虑、抑郁、自残和其他心理健康问题，纽约市市长埃里克·亚当斯（Eric Adams）宣布，从 2023 年秋天开始，纽约所有公立学校必须每天提供 2~5 分钟的正念呼吸练习。这也意味着正念练习作为教育手段正式获得了官方机构的注意。

第三章

提升专注力：高效学习与工作的方法工具箱

修炼"无我专注力"，从"一座房子"开始

　　真正的专注并不是将所有注意力集中于一件事，而是在心中清除一切噪声，让目标清晰显现。在专注的状态中把一件事做到极致，胜过平庸地处理一万件事。在几年前出版的畅销书《哈佛学子"无我"专注力：好成绩不靠凌晨四点半》中，我们提出了 Me^5 模型。通过 Me^5 模型的系统训练，我们可以用系统性的方法练就高度的专注力。在这种状态下，成功不再是偶然，而是几乎可以预测的结果。

成长型思维

Me^5 模型犹如一座坚固的房子，而其坚实的基础就是成长型思维。在学习"自我认知"的过程中，我们深入理解自己的思维模式（Mindset），打破限制性信念的限制。成长型思维始终相信能力是可以培养的。成长型思维不仅对在校学生有所启发，对职场人士同样有益，它让我们相信，所有遇见的困难都是锻炼自己能力的必经之路，从而促使我们开启共同学习和成长的新篇章。

支撑 Me^5 模型这座房子的四根柱子分别是情绪管理（Emotion）、时间效率管理（Efficiency）、精力管理（Energy）和排除干扰（Elimination）。情绪管理的能力帮助我们有意识地觉察并理解自己的情绪，实现自我接纳。时间效率的提升帮助我们制订合理的计划，优先处理重要事务。精力管理确保我们的能量得到最大化，并能灵活分配于各种任务之间。排除干扰的能力让我们学会如何减少外部打扰和内心的困扰，以清晰的视角看透事物本质。具体要点如下。

情绪管理

- 拿得起，放得下。我们既需要对目标十分重视，又要在遇到失败和挫折时能够一笑而过，以积极的态度奔赴下一次的挑战。

- 不用刻意控制情绪，也不能让情绪太过自由。我们不需要过于控制情绪，如过于自律，这样心理容易出问题，但我们也不能完全放任情绪发展，如让一次失败导致的失落影响自己的状态。

- 适当放大取得的成果。我们需要用成就感激励自己，所以当取得某些成果时，我们可以适当联想此优秀成果带来的连锁反应，以及适当地在自己心中夸大这个成果。

- 关注当下。关注当下可以让我们获得一种充实感。

时间效率管理

- 以目标为导向，列出时间计划表。我们一定要清楚最终的目标是什么，这样才能把时间花在刀刃上，同时，列出时间计划表也可以帮助我们明确进度。

- 适当地使用番茄工作法。这种每学习 25 分钟就休息 5 分钟的番茄工作法是我很喜欢的时间管理法。

- 将事情划分轻重缓急。重要的事情、紧急的事情优先处理，花费更多的时间去完成，其他事情可以用较少的时间去完成。

- 利用好零碎时间。零碎时间是很重要的，我们可以利用这些时间来背单词、练习英语听力等。

- 将好习惯保持下去。好的事情一旦形成习惯就很难改变了。

精力管理

- 注重饮食习惯。饮食是精力的来源，我们要注意少食多餐，每一顿不要吃太饱，不然很容易犯困；此外，我们还要注意摄入食物的种类，垃圾食品要少吃。

- 养成良好的睡眠习惯。我们可以利用 R90 睡眠法，在有限的时间里提升睡眠质量和效率。

- 进行适当的运动。对于学生或上班族来说，每天的大多数时间都要坐着，偶尔站起来做做俯卧撑、高抬腿等运动很有助于保持精力，同时，户外运动还可以激发褪黑素的分泌，从而使我们晚上睡得更香。

- 累了就休息。不要想着没到休息时间就不能休息，人的精力是需要及时补充的，我们可以适当小憩半个小时，醒来后会觉得神清气爽，专注力也可以得到提升。

排除干扰

- 平复大的情绪波动。我们可以通过正念冥想训练情绪的稳定性和容纳力。

- 养成排除干扰的好习惯。适当提高自己在嘈杂环境中作业的能力，使自己适应在这样的环境下工作和学习，从而养成排除干扰的好习惯。

- 主动远离干扰。例如，宿舍太吵学不进去，我们就去图书馆和教室；手机太好玩，我们就把手机放到一个自己看不见的地方，安心学习。

- 怀"空杯"状态。有些人总是对自己的决定不太确定，心里总是担心这样的决定是否会有好结果，这

样的想法从心里干扰了自己，所以，我们要怀有
"空杯"心态，关注当下，努力就好。

神经反馈训练

脑电图（Electroencephalogram，EEG）是一种通过放置
在头皮上的电极记录大脑电活动的检查方法。利用脑电图，
我们可以判断一个人在情绪、行为和学习上的表现。

我们的大脑就像身体的肌肉一样，如果好好锻炼它，它
就会表现得更好。但大脑又跟普通肌肉不一样，它是人类的
中央处理器，一个高效的大脑可以在更短的时间内更准确地
完成更多的任务。Me^5 模型的顶层便是神经反馈训练。通过
神经反馈训练，我们将成长为能够自如操控大脑的高效能
人才。

觉察，即是专注的基础

当我们产生焦虑、紧张、不安等情绪时，看待周围事物就像戴上了有色眼镜，让我们无法专注学习，学习效率也就难以保障。本书接下来要介绍的一些情绪管理法将带领你认识自己的情绪，教会你如何掌控好各种情绪，帮助你关注事物本身，快速进入学习状态，并成为一个积极阳光的人。

在这个世界上，理性与感性并存。无论在学习中、生活中，还是职场中，情绪都会以不同形式、不同状态——开心、愤怒、烦恼、害怕、平静等——伴随着每一个人。如果不懂得情绪管理，任由自己被各种情绪控制，我们就无法全身心地投入到学习或工作中。

每个人面对不同的情绪变化，其反应和处理方式也不同：有的人不容易被情绪影响，更看重客观事实，能够对事物进行客观理智的分析和判断，因此显得很理性；有的人却总是被情绪左右，做事全凭心情，感情用事，因此显得很感性。

事实上，每个人的大脑都是理性与感性并存的，没有绝对理性的人，也没有绝对感性的人。理性和感性就像一条长轴的两端，没有人能站在两个极端上，都是位于两者之间的某个位置上，而且人们所处的位置也会根据各种因素的变化而变化。

著名心理学家丹尼尔·卡内曼以人类的理性思维与感性思维为基础，提出了"两个系统"理论，即大脑在处理信息时往往依赖"两个系统"，其中一个系统倾向于感性，它能够快速地、自动化地、情绪化地处理信息；另一个系统倾向于理性，它能够有逻辑性地、有意识地、慎重地处理信息。在通常情况下，人们在处理一些简单的信息时，会用到感性思维；而在处理一些复杂的信息时，人们则会用到理性思维。

葛一敏在《纸上春秋》一书中写道："我们需要一种清明的理性，这个理性是在这种嘈杂的世界中拯救生命的一种力量。同时，我们也需要一种欢欣的感性，这种感性之心可以使我们触目生春，所及之处充满了快乐。"

在这个世界上，每个人都需要让理性与感性并存——在生活中应该让感性多于理性，这样才会显得有"人情味"，才能更好地与人相处；在学习和工作中，则应该让理性多于感性，这样才能理智地思考和判断问题，提高学习和工作的效率。

正念意识对认识和调节情绪起着十分重要的作用。在现实生活中，很多人都被不同程度的情绪问题困扰，他们通过各种方法管理情绪，最后却收效甚微。这是为什么呢？因为他们第一步就走错了。管理情绪的第一步不是寻找管理情绪的方法，而是有意识地觉察自己的情绪。

当快乐、悲伤、忧郁等情绪迎面扑来时，你能觉察到它们吗？如果无法做到有意识地觉察，我们在情绪来临的时候就会浑然不知，从而导致情绪的积累。如果等到情绪泛滥时才有所觉察，你会发现自己已经被卷入情绪的漩涡之中了。负面情绪并不可怕，可怕的是毫无觉察，因为觉察本身就是一种疗愈。

那么，有意识地觉察有什么作用呢？它能够帮助我们发现情绪，理解不同情绪的性质与结果，并对情绪及情绪的反应进行深入探索。这样的过程会让我们更加清楚地了解情绪的反应是如何影响我们的心理及行为的，并且帮助我们找到更为合理的管理情绪的方法。

培养正念觉察能力，提升专注力

过去已经过去，未来还未到来，
唯有觉察才能让我们安住在当下。

　　我们常常会听到"觉察"这个词，正如字面意思所述，觉察就是通过观念去提高我们对自我和外在环境的感知能力。觉察可以分成两个层面，即向内和向外。"内"指的是我们的头脑，"外"指的是我们的身体感受和环境对我们造成的影响。禅宗使用"月亮手指"这个比喻，阐述一个深刻的道理：要达到内在觉知，就像要认识月亮一样，必须依靠自己的直接体验和观察，而不是仅仅依赖他人的教诲或传授。在这个比喻中，"月亮"象征着真实、智慧和觉醒，它是每个人内心深处渴望理解和达到的境界；"手指"则代表指引和工具，是我们用来探索和认知月亮的媒介。在禅宗的修行中，方法固然重要，但如果这些方法不能帮助我们看到内在的月亮，那么它们本身就失去了意义。

觉察的时候，我们可以想象自己是一个内在观察者，观察自己的思绪是否又跑偏了。

王阳明就是一位把自我觉察做到极致的人。王阳明的父亲是状元，但王阳明第一次会试却失败了，别人都来安慰他。他说："世以不得第为耻，吾以不得第动心为耻。"王阳明之所以被称为心学的开创者，是因为他能够随时觉察自己的内心，看看自己的心有没有"动"。这种自我觉察能够不断地修正自己的思维和行为，这也是实现心灵平静和内在和谐的重要一步。通过培养内在观察者的能力，我们可以更加敏锐地察觉自己的内心状态，从而更好地应对各种挑战和困难。

那么，现在请你深呼吸。你能把注意力集中在此刻你手里拿着的书上吗——它的重量，封面和内页的纹理、颜色和图像。你能接受来自周围环境的声音吗？无论它们是什么。此时此刻传入你耳朵的声音，是来自你所在房间的声音、外部的声音，或大自然的声音吗？

在追求觉悟的道路上，手指只是帮助我们的工具，真正重要的是我们自己的努力和领悟。

在这个内卷的时代，无论是学校还是职场，都充满了压力与冲突。面对这些挑战，我们应该选择排斥、否定、对抗，执着地背着内心的重担前行，还是可以稍微放慢脚步，花些时间滋养自己，然后再轻装上阵呢？

本章要介绍的正念工具箱，为学生和职场人士提供了宝贵的情绪化解工具。在学业繁忙、竞争激烈的学习环境中，学生们常常面临巨大的压力，这些压力通常来自课业的繁重、人际关系的复杂，以及对未来的不确定。正念工具箱可以帮助学生培养自我关怀的能力，通过一系列练习呵护自己的情绪，改善与自己、与他人的关系，从而更加平和、喜悦地面对学习和生活的挑战。

对于职场人士来说，这个正念工具箱同样适用。工作中，我们不可避免地会遇到各种冲突和压力，这时，我们可以运用这些工具来化解负面情绪，提升自己的情绪管理能力，与同事和上级建立更加和谐的关系，实现更加高效和愉悦的工作状态。

所以，无论你是在职场中拼搏，还是在大学中求学，都不要忘记花些时间滋养自己。通过正念的练习，我们可以更好地应对生活中的各种挑战，让自己变得更加平和、喜悦和充实。了解了这么多，正念是如何从生理和心理角度提升效率和专注力呢？本章将引导你通过 21 天的自我关怀实践来培养正念习惯。此过程中，你将学会放下评判、对比、对抗和执着，发掘将苦难转化为快乐的力量。如有辅助冥想的头环设备，如 FocusZen 或 OxyZen 等产品，这些设备能够通过监测你的脑电波和其他生理指标，帮助你更加清晰地了解自己的冥想状态和进步水平，通过与设备的配合使用，你将能够更快地觉察到自己的正念冥想水平，从而更好地调整练习策略，提升冥想效果。

　　比起知识的传授，养成正念专注力更需要的是刻意练习。还记得 Me^5 模型中的顶层——神经反馈训练吗？大脑神经具有很强的可塑造性，正念练习如同健身，新的大脑神经回路就在一次又一次的训练中产生改变。你可以从 5 分钟甚至更短的时间开始，一起来开启正念之旅吧。

觉察自我

第 1 天　呼吸练习

大脑虽然只占身体重量的 2%，但它却消耗着身体 20% 的能量。大脑的默认模式网络（Default Mode Network，DMN）是由大脑的内侧前额叶皮质、后扣带皮层、楔前叶等构成的神经网络，它会自动进行基本操作，维持正常的生理活动。你知道吗，DMN 消耗的能量竟占大脑总消耗能量的 60%~80%，相比之下，进行有意识的活动所消耗的能量仅占微不足道的 5%。正因如此，当我们心神不宁时，哪怕无所事事，我们也会感到昏昏欲睡、疲惫不堪。正念冥想是一种"大脑的休息法"，能够抑制 DMN 的关键部位的活动，减少杂念对大脑能量的消耗，从而帮助我们减少精神的内耗，保持大脑清醒的状态。

呼吸是一种自然且高效的方法，有助于防止心念散乱。它是连接生命与意识的桥梁，可以使我们的身心达到和谐统一。无论何时，只要心念开始飘忽不定，你都可以借助呼吸这一工具，重新凝聚心神，保持内心的平静与专注。在你思绪散漫，做任何事都觉得很困难时，你可以尝试用呼吸进行调整。日常的学习、工作、生活总是繁杂而忙碌，就让我们一起放慢节奏，在一呼一吸之间察觉此时此刻的感官，完全放下杂念和紧张，感受前所未有的放松与内心的平静。

提示

（1）刚开始练习时，不要纠结于花了多少时间。你可能不一定享受这种练习，但只要坚持下去，好处就会在适当的时候显现出来。

（2）当你呼吸时，你可能会通过多种方式体验到这种感觉——空气的流动，肌肉的运动，压力或空气流过鼻孔的感受。

（3）当你走神时，不要担心。你没必要批评自己，只需要试着重新集中注意力。

呼吸练习的具体步骤如下。

1 选择一把舒适的、有垂直椅背的椅子坐下，双脚平放在地板上，脊柱底部刚好接触椅背。

2 闭上眼睛，将手放在大腿上。

3 让你的身体放松，让你的心灵平静。

4　专注于每次吸气和呼气的感觉，专注于腹部（下腹
部）的起伏，或进入和离开鼻子的空气。

5　练习 5~10 分钟。

第 2 天　身体扫描

身体扫描是为了放松身体紧张感而设计的练习。在学习
和工作中，被身体某处的不适感困扰而无法集中注意力的情
况比比皆是，无论是在电脑前高强度地学习导致的太阳穴紧
绷，或是以不正确的姿势看手机导致的颈椎发冷和僵硬，还
是长时间维持同一坐姿导致的坐骨痛。面对这样的问题，身
体扫描是个经久不衰的放松身体的好办法。研究表明，定期
坚持练习身体扫描能够减轻压力，从而进一步改善免疫系
统，减少白天的困倦和夜晚的失眠。长期练习身体扫描，我
们将学会与身体的感知——无论是正面的还是负面的——不
带批判地相处，从而提高我们的觉察能力，帮助我们集中注
意力，消除杂念，专心学习。

提示

（1）下面的描述鼓励你按照特定的顺序关注感觉，但你无须担心是否严格遵循了说明。

（2）如果身体某个部位完全没有任何感觉，你也不必担心，只需要关注你觉察的所有感受。

身体扫描的具体步骤如下。

1 找个安静的地方舒服地坐着，不要靠在椅背上。

2 让你的身体放松，让你的心灵平静。

3 将注意力集中在身体与周围环境接触的所有地方，如大腿和膝盖后部接触椅子的地方，以及脚与地板接触的地方，花几秒钟探索你的感受。

4 现在，把你的注意力转向一只脚，从脚趾开始移动到脚底，然后是脚跟和脚背。接下来，换另一只脚，重复同样流程。

5 将注意力集中在你的腿上，然后将注意力从骨盆、臀部一直移动到肩膀，直到探索整个躯干。

6 现在，探索你的手和手臂的感觉，从指尖开始，依次向上到手臂，再到肩膀，然后以同样的方式探索颈部和头部。

7 注意你的呼吸，专注于腹部或鼻子每次吸气和呼气的感觉。如果你愿意，你可以将手放在腹部，以帮助你注意每次呼吸时腹部的起落。

8 练习5分钟左右。

第 3 天　7/11 快速放松法

今天，我们来学习 7/11 快速放松法。正如名字所提示的，这个快速练习适合在当下需要作出冷静反应，但我们却难以理性地控制自己的情绪和行为时使用。所有深呼吸技巧都有一个共同点，即它们能够刺激副交感神经系统。我们常说面对刺激的本能是"战斗或逃跑"，而这种本能正是由副交感神经系统的反面——交感神经系统——管辖的。7/11 快速放松法通过刺激副交感神经系统，帮助你快速平静下来，更冷静地消化当下的场景，作出反应。同时，呼气的动作还能够降低血压、扩张瞳孔并减慢心率，减少我们被情绪左右的可能性，长远来看还能够缓解我们的学习压力。

7/11 快速放松法的具体步骤如下。

1　用鼻子吸气，直到心里默数到 7 为止。

2　用嘴呼气，直到心里默数到 11 为止。

3 持续呼吸 5 分钟。如果你时间紧张，重复 2~3 个呼吸周期。

第 4 天　情绪觉察

冥想可以帮助我们调节大脑边缘系统。大脑边缘系统包括海马体、内嗅区、杏仁核等，它们与情绪的控制和调节息息相关。例如，杏仁核在恐惧情绪的控制方面起重要作用，且它与焦虑症、阿尔茨海默病、孤独症等精神疾病相关。德国神经科学家布里塔·霍尔泽尔（Britta Hölzel）发现，冥想训练可以让杏仁核灰质密度显著降低，使杏仁核减小，而杏仁核越小，意味着我们就越有能力管理自己的情绪，而不是被情绪左右。

维持情绪稳定有以下四个要点。

1 觉察并认可情绪。

2 接受情绪：注意情绪的存在，而不是压抑或对其采取行动。

3 耐心与平衡：耐心是指有勇气面对情感上的不适；保持平衡的能力可以帮助你避免对情绪的自动反应。

4 恰当的决定：根据情况选择最合适的反应。

我们可以发现，维持情绪稳定的关键就在于锻炼耐心和勇气，将对情绪的感知遏制在"觉察"的部分，而不让情感上的不适影响我们的行为，直到我们能够理智地做出最合适的反应。那么，如何锻炼这种耐心和勇气呢？下面这个情绪觉察练习将带领我们通过回忆重新经历过去的失败和成功，直到我们不再为过去的情绪波动所影响，我们就具备了面对坎坷的能力。

情绪觉察的具体步骤如下。

1 深呼吸，进行呼吸或身体扫描练习。

2 现在，让我们体验 4 分钟的失败经历。回想一下你经历过的带给你重大失败感的事件——没有实现你的目标，让自己和他人失望。看到、听到、感受到它，观察情绪和身体上的反应。

3 深呼吸，进行 2 分钟的呼吸或身体扫描练习。

4 尝试一下，你是否能够在没有嗔恨的情况下体验这些情绪，将你正在经历的这些情绪视为简单的生理感觉。它们可能令人不愉快，但它们只是经历。让这些体验随心所欲地来，随心所欲地去，不要拼命地把它们拒之门外。

5 在 4 分钟内体验成功。回想一下，曾经令你体验到重大成功感的事件——超越了你的目标，受到所有人的钦佩，自我感觉良好。看到、听到、感受到它，观察情绪和身体上的反应。

6 深呼吸，进行 2 分钟的呼吸或身体扫描练习。

7 尝试一下，你是否能够在没有执着的情况下体验这些情绪，将你正在经历的这些情绪视为简单的生理感觉。它们可能非常令人愉快，但它们只是体验。让这些体验随心所欲地来，随心所欲地去，不要拼命地抓住并拒绝放开它们。

8 回到当下，进行 3 分钟的呼吸或身体扫描练习。

第 5 天　自我欣赏

今天我们将一起练习身体察觉并学习感恩冥想。我们将把意识放在每个身体部位，感受它对我们的重要意义，并且表达对它的感谢。感恩冥想有助于我们更好地学会欣赏自我、接纳自我，从对自己的关爱出发，实现个人的无界成长。下面我们一起来进行提高自我怜悯的训练。

在完成一天的学习或工作后，请你反思那些让你心烦意乱、感到挣扎或自我批评的时刻。然后，阅读下面这些陈述，并给自己打分，范围从 1 分到 5 分（1 分表示完全不符合，5 分表示始终如此）。

1 当今天的事情进行得并不顺利时，我将困难视为每个人工作和生活中都会经历的正常部分。

2 在学习或工作中感到心烦时，我试着对自己友善一些。

3 当我今天感到沮丧或心烦时，我提醒自己还有许多人也和我一样感受到这种情绪。

4 当在学习或工作中遇到困难时，我努力做到不自我批评，不对自己太苛刻。

5 在今天的学习或工作中，我对自己关怀备至。

6　我将自己的缺点看作是人类的一部分。

7　当我今天感到痛苦时，我尝试用觉知、接纳和开放
　　的心态对待我的感受。

8　当我在学习或工作中遇到困难时，我不会对自己的
　　缺点和不足进行指责和批判。

9　我对自己不喜欢的个性特点保持宽容和耐心。

10　我能够认识到自我怜悯的重要性。

反思一下，随着时间的推移，你的得分是如何变化的，
分数越高，表示你越具有自我怜悯心。

第 6 天　寻找自己的核心价值

"上班如虫，下班如龙"，职场人或许深有体会；"上学

如虫，放学如龙"，也同样描述了许多学生的日常。无论身处职场还是校园，我们都有可能感到疲惫，觉得工作或学业在消耗我们的精力。但真正的有意义的生活应该是什么样的呢？今天我们就来一起探索，我需要什么？我们学习、工作、生活的意义和核心价值到底是什么？如何才能活出生命的活力？

　　只有明确自己想要什么，我们才会获得内驱力。我们需要意识到，当我们面对多重任务时，盲目地持续行动并不等于高效率，反而会让我们陷入行动上瘾的陷阱。此时，我们可以尝试停止行动，看向窗外或空白的桌面进行呼吸练习，重新提醒自己：根据长远目标，什么样的任务应当具有最高优先级？

开始工作	行动上瘾	贸然行动

症状	原因	结果
行动的冲动 焦躁不安 无法忍受静止	多巴胺刺激 重要感 即时满足感	优先顺序不明确 目标导向不明确 绩效不佳

那么，如何制定长远目标呢？制定长远目标主要有以下三个要点。

① 将目标详细化、具体化。

② 随时反思，当你意识到自己的注意力不够集中时，通过正念休息增加觉察，以保持向着目标前进的状态。

非理想状态的无意识行为 ➤ 正念休息 ➤ 增加觉察 ➤ 行为改变

③ 保持开放的心态至关重要：在追求目标的过程中，当弊端开始超过利益时，你要学会明智地放手。

第 7 天　戒掉不良习惯

习惯，源于过去频繁的践行，逐渐演变成无需意识参与的自发行为。这种重复性或自动性在特定的触发情境与行动之间构建了一条无形的心理纽带。一旦进入习惯模式，我们便仿佛踏上了自动驾驶的旅程，日复一日地对周遭刺激做出惯性的回应。大脑本能地倾向于根据过往经验选择对自身有利的行为并规避风险，从而构建出习惯循环。然而，值得注意的是，尽管不良习惯在短期内可能会被视为奖励，但从长远来看，它们往往会对我们的身心健康造成不利影响。

正念的其中一个作用就是可以提高觉察，帮助我们了解自己的不良习惯，以及这些行为通常会被什么情景触发。可是，不良习惯就是这么难以摆脱，这是为什么呢？这是因为，尽管我们在精力充足时可以主动进行练习，反思、审视自己的行为习惯，但在真正面对诱惑我们持续不良习惯的刺激时，饥饿、疲劳、愤怒、焦虑、孤独等生理和心理上的不适，往往会让我们难以理智地摆脱习惯循环。因此，正念练习的第二个作用就是能够帮助我们在面对不同的身心不适的情况下，将注意力集中在对自己的感受和情绪的觉察上。前文介绍的呼吸练习、身体扫描等技巧也能帮助我们重新获得平静。下面以手机为例，介绍一种可以帮助我们戒掉电子产品的方法——自我认知法则。

自我认知法则的操作步骤如下。

①　记录你与手机的关系。

在表格里记录下每次你冲动地或为了分散注意力而使用手机的时间点和时长。

②　列出你每次冲动使用手机时的感受和想法。

具体内容包括：为什么要看手机，看手机时的感受和情绪，看手机后的情绪及与看之前的情绪的对比。

③　当你每次想看手机时，深呼吸 10 次，并在呼吸过程中回想前两周记录的内容，重新做决定。

觉察环境

第 8 天　创造环境

美国心理学家阿尔伯特·班杜拉（Albert Bandura）认为，人类的功能是环境事件、行为和个人因素相互作用的产物。在他看来，我们的行为是通过观察和模仿他人来学习的，并且我们的内部状态也会影响我们的行为和环境。例如，当我们进入图书馆或安静的咖啡厅时，我们的行为自然而然就会与所处的环境相符合，就能够更好地集中注意力。这种环境可以减少干扰，提供一个有利于专注和思考的空间。

在今天的练习中，我想邀请你整理一下自己所处的学习环境，为自己打造一个有助于专注于当下的舒适的学习环境。让我们跟随五感，从视觉、触觉、听觉、嗅觉、味觉出发，觉察并调整我们所处的环境。

五感练习的具体操作方法如下。

1　视觉：观察周围的环境。找出视线范围内的 5 个物体，用心去仔细观察每一个物体。不要只是快速扫视，而是尽可能深入地分析，注意每个物体的颜色及其细微差别。例如，一张桌子可能不是单一的棕色，而是包含深浅不同的褐色。它们有什么不同的形状或纹理呢？不同的东西在空间中的位置有什么不同？另外，留意光线的变化，哪些地方明亮，哪些地方阴暗？

2　触觉：探索触感。留意 4 件可以触碰的物品，并专注于它们带来的感受。感受物体的温度，如你触摸到

的桌子，它给你的感觉是冰冷的还是温暖的；感受
物体的质地，如你触摸到的毛绒玩具是柔软的，而
石头则是粗糙的；感受物体的硬度，如一个球可能
是有弹性的，而一块砖则是坚硬的；感受物体的形
状和重量，如将一个杯子拿在手中，感受它的形状
和重量。

3　听觉：关注声音。寻找 3 种不同的声音，并在当下
感受这些声音。留意环境中常见的背景声音，如空
调的嗡嗡声或大街上汽车驶过的声音；关注自然界
中的声音，如鸟鸣、风声或雨声；听听周围人的对
话或笑声，注意他们的语调和节奏。留意声音的音
量和强度是否有起伏，感受声音的频率，如高频的
鸟鸣和低频的轰鸣声。

4　嗅觉：感受气味。留意并感受 2 种不同的气味。留
意空气中的气味，如新鲜的花香、咖啡的香气，或
厨房里饭菜的香味；留意物体的气味，如书的纸张
味，或衣物上的洗衣粉香。观察气味是否会因环境

的变化而有所不同；注意气味的强烈程度，是淡淡
的还是浓郁的；分析气味的来源，了解它来自哪儿，
是什么造成了这种气味。

5 味觉：品尝食物或饮料。专注于品尝 1 种食物或饮
料。细致感受食物或饮料的质感，如咀嚼时食物是
干脆的还是柔软的；注意味道的层次变化，如甜、
咸、酸、苦的组合，以及它们如何在口中变化；感
受食物或饮料的温度，是温热的还是冰冷的；注意
气味是如何影响味觉的，如闻到新鲜出炉的面包的
香气可能使你感受到更浓郁的香味；留意食物在口
腔中的感觉，如是否有黏腻感、清爽感或其他特殊
感觉。

这些练习既可以帮助你更好地觉察和体验你周围的世
界，也有助于提升你的注意力和感知能力。

第 9 天　通勤

　　我们来做一个简单的计算：假如你每周有 5 天在工作，那么扣除假期，每年你至少有 200 天需要通勤。中国城市规划设计研究院等单位在 2022 年联合发布的《2022 年度中国主要城市通勤监测报告》显示，2021 年在 44 个国内主要城市中，单程平均通勤时耗为 36 分钟。那么，在一年中这么多的通勤时间内，是否有比玩手机更有意义、更放松的事情呢？

　　其实，在上下班或上下学的路上，在午休时，或在处理问题之前，我们都可以进行正念训练，它能随时让我们进入更加平静、专注的状态，抛开无谓的干扰和杂念，消除内心的不安和浮躁。根据通勤方式的不同，我们可以在以下三种练习模式中自由选择。

　　① 如果你采用被动通勤（公共交通或出租车）方式，在行程刚开始和结束前 5 分钟，将你的全部注意力

集中在呼吸体验上，按周期计数，并放下令人分心的念头。

2 如果你采用主动通勤（自己骑车或开车）方式，在行程开始与结束前 5 分钟，请你关闭收音机或其他播放器，暂时停止打电话，将你的注意力集中在方向盘上的手、踏板上的脚及周围的交通状况上。

3 如果你采用长途通勤（火车、飞机）方式，你可以每小时花 10 分钟或更长的时间闭上眼睛进行正念训练。

觉察与外界的互动

第 10 天　静心理清日程

刚挤过喧闹的早高峰，你可能正背着沉重的书包，感受着来自四面八方的压力。无论是职场人士还是学生，这样的开始总会让人感到疲惫和焦虑，在学习或工作时杂念纷飞：家人的期望、午餐的选择、即将到来的考试……

现在，请你找一个安静的地方坐下，无论是在书桌前、图书馆的角落，还是公交车的座位上，你都可以开始这个简短的开启一天日程的静心练习。

静心清理日程练习的具体操作方法如下。

1 回想你今天已经完成的事情。

2 梳理一下你今天还需要完成的事情。

3 留意你周围的环境，如声音、色彩、事物等。

4 留意你身体的任何感觉，如紧张感、肌肉僵硬等。

5 留意你的感觉与情绪，如激动、过度担忧、不耐烦等。

6 重新思考你现在所处的时刻。

7 感受"此时此刻"，忽略所有其他已经发生和即将发生的事情。

8 用 10 秒坐着或站在原地,不要做任何事情。

9 注意你的经历和体验的思绪是如何自然地涌起和消退的,不需要刻意抓取其中任何一个。

10 重新投入一天的忙碌中。

此外,每日计划对高效的一天也至关重要!在完成上述练习后,我们可以根据以下指导,安排一天的日程。

1.你需要为以下活动留出时间:

(1)高优先级任务;

(2)准备时间;

(3)突然发生的紧急事务;

（4）自我休整；

（5）午餐；

（6）过渡性活动，如通勤、会议跟进等。

2. 每天可以有一次或两次重审计划的时间，以了解自己的进度。

3. 也可以为明天的工作或者学习做计划。

第 11 天　我与食物的关系

饮食与我们的精力有着十分密切的关系。有一种流行的说法是"You are what you eat"，意思就是"你吃什么，你就是什么"，这暗示了我们的饮食习惯也反映了我们的生活方式和价值观。哈佛公共卫生学院发现，无意识或分心饮食，包括吃饭时开车、工作、学习、看电视或其他屏幕（如手机、平板电脑）与焦虑、暴饮暴食和体重增加有关。干预研究表明，正念可以成为控制情绪化饮食和暴饮暴食等不良行为的有效工具。

正念可以从四个方面帮助我们纠正上述不良饮食习惯。首先，正念能帮我们区分真正的身体饥饿和饮食无法解决的情感饥饿。其次，正念可以帮助我们选择质量更高的食品。再次，正念饮食倡导放慢进食速度，因此我们会更快获得饱腹感，从而减少食物的摄入量。最后，正念提倡以不评判的态度来化解与这些行为相关的羞耻和内疚。总而言之，正念饮食可以提高我们应对产生暴饮暴食的心理困扰的能力。我们可以时常问问自己，我们能感受到入口的每一口食物的味道吗？

关于正念饮食，释一行禅师和哈佛大学影响学家张振熙博士给出了如下建议。

1 尊重食物。了解食物的来源和准备食物的人。

2 调动所有感官。注意食物的颜色、气味、味道和质地，以及吃东西时的感觉。

3 适量食用。这有助于避免暴饮暴食和食物浪费。建议使用直径不超过 23cm 的餐盘，并且仅装满一次。

4 细嚼慢咽。这种做法可以帮助我们放慢用餐速度并充分体验食物的味道。

5 八分饱。如果你吃得很慢，你更有可能意识到自己什么时候感到满足，或者什么时候已经吃到八分饱，并且可以停止进食。

6 不要不吃饭。长时间不吃饭会增加强烈饥饿的风险，这可能导致你选择最容易获得但不一定是健康的食物。你需要每天大约在同一时间进餐，并计划足够的时间来享用正餐或零食。

第 12 天　正念进食

正念进食是一种通过提升对食物和进食过程的觉察来改善饮食习惯的实践方法，强调在吃饭时全神贯注地体验食物，从而增强对食物的感知，促进健康和提升幸福感。

正念进食的基本原则如下。

1　全神贯注：在进食时，将注意力集中在食物和进食体验上，避免分心的行为，如看电视、使用手机或看书。

2　感官觉察：注意食物的颜色、气味、质地和味道，通过感官体验更深刻地感受每一口食物。

3　缓慢进食：吃饭时放慢速度，细细咀嚼每一口食物，享受食物的每一层次的味道，这有助于消化和吸收。

4 身体觉察：关注自己的身体发出的饥饿感和饱腹感信号，吃到刚好满足而不是过量。

5 感谢和满足：在吃饭之前或之后，表达对食物的感恩之情，并感受对食物的满足感。

正念进食的基本步骤如下。

1 准备进食：找一个没有干扰的地方进行进食，让注意力集中在食物上。将食物美观地摆放在餐桌上，确保用餐环境整洁。

2 开始进食：在开始进食之前做几次深呼吸，以帮助自己进入正念状态。用眼睛观察食物的颜色和形状，注意食物的细节和呈现方式。

3 感官体验：在开始进食之前，闻一下食物的香气，感受其气味对你的吸引力。在进食每一口食物时，细细咀嚼，感受食物的质地、味道和口感，注意咀嚼时的声音和食物在口中的变化。

4 关注身体感受：在进食过程中，注意自己的饥饿和饱腹的感觉，适时调整进食量。

5 反思和感恩：用餐结束后，花几分钟时间感受身体的变化和对食物的满意度，对食物的来源、准备者和对你的滋养表示感恩。

第 13 天　提高创造力

无论在职场还是求学路上，创造力都是不可或缺的。它能帮助我们打破常规，提出新思路，从而解决问题，提升效率，并创造出更具创新性的成果。在我们应对工作挑战和学习难题时，创造力都能让我们脱颖而出，展现独特的价值。因此，我们都应重视并努力培养自己的创造力。

从脑科学的角度来说，创造力分为四个阶段，涉及不同大脑网络活动的平衡，具体如下。

1　发散思维：发散思维需要大脑抑制认知控制网络，从而让大脑的默认模式网络更加活跃。

2　孵化灵感：停止思考，大脑会自动负责组织记忆并为创造性洞察力奠定基础。

3　捕捉灵感：大脑突显网络会捕捉当不相关的潜意识想法突然联系在一起时短暂出现的灵感。

4　验证灵感：最后一步需要聚合思维——少用想象力，多用认知控制和注意力网络分析评估灵感的可行性。

相应的，我们提高创造力的冥想练习也包括了这四个步骤，具体如下。

1. 准备：明确问题

（1）概述目的：我的目标或目的是什么？

（2）了解动机：我的目标或背后的动机是什么？为什么我要做这个项目？

2. 发散思维

将问题从大脑中清空，放下对解决方案的执着，为创造力留下空间。

3. 孵化灵感

进行正念练习转移对问题的注意力并避免分心，等待来自潜意识的创造力爆发。

4. 捕捉灵感

将潜意识中的想法表达出来：在空白的纸上自由书写，等待答案慢慢成形。

5. 验证灵感

（1）筛选可行性：将所有的想法过滤一遍，筛选出实际可行的部分。

（2）寻求不同的视角：与不同背景的人沟通并且汲取经验。

6. 后续：结果传达

（1）提炼清晰度：我该如何和团队其他同事或导师、同学清晰地传达我的想法？

（2）提升自信：告诉自己我已经准备好接受这个挑战了。

第 14 天　树立自信

　　你是否常常对自己施加心理压力，用诸如"这点小事都做不好""这么简单的题都做错""看看别人，我真为你感到羞耻"或"你有没有一点自尊"这样的言辞来贬低和打击自己呢？其实，理解是疗愈的开始。今天就让我们一起去了解自我批判的内外机理及出路，并通过配套的冥想练习来体验不同视角下的思维模式。

　　正念其实就是关注当下，以开放的态度对待事物的本来面目，包括我们的缺点。而在现实生活中，我们往往执着于我们希望事物成为的样子，或它们可能成为的样子，从而陷入自我批评的痛苦。正念能够帮助我们增加觉察。因此，当那些自我批评的声音再次出现时，我们可以认识到它们的存在，并将它们认知为"自我批评"，从而掌控它们，不再任由这些想法操纵我们的情绪。

　　树立自信练习的具体步骤如下。

1 找到你的重心（可以是脚、脊柱或臀部），使其挺直和开放，并根据需要调整你的姿势。

2 如果你感到紧张，轻声重复"我可以成功"，在认清并接受你现在的状态后，你可以更好地培养自信。

3 反复重复"一切都会没问题的，我能做到"，同时承认你的焦虑并正确看待它。

4 再次找到你的重心并有意识地深呼吸。

5 继续保持冷静，同时不断重复"我能应对这个""一切都会没问题""我能做到"，直到你感受到心态的转变。

第 15 天　正念沟通

非暴力沟通的创始人马歇尔说过："非暴力沟通的核心

在于对人的内在需要的持续觉察。"非暴力沟通鼓励参与者关注所观察、感受到的内容，并明确自己的情感和动机，以指导自己的语言表达和听取他人发言的方式。我们可以清楚地看到"觉察"在上述对非暴力沟通的介绍中所扮演的重要角色，这也向我们提示了正念能在沟通中给我们带来的帮助，即正念可以通过增加觉察来改善沟通。

正念沟通练习的具体步骤如下。

1. 正念交流的第一步是正念倾听。

（1）沉默：倾听时不要说话，并且保持内心的安静，给予说话者绝对的关注。这不仅是口头上停止讲话，同时也要察觉并放下内心的想法。

（2）投入：使用肢体语言向说话者表达自己对这次交流的投入，但是应尽可能避免说话、提问或引导说话者。

（3）开放：摒弃原有的偏见，总是假设说话者的内容具有价值。

（4）专注：在每次分心时，将与你沟通的人作为思维锚点，重新集中注意力。

2. 正念交流

（1）恰当：确保你说的话对对方有益、有用。

（2）共情：从为对方着想的出发点进行沟通。当然，在他人犯错时，你也要提出建设性意见。

（3）限时：将表达限制在合适的长度。

3. 沟通闭环

沟通闭环很简单。我们想象两个人在聊天，A 先说话，B 听完 A 的话后，要用自己的话说一遍 A 刚才说的内容，然后 A 会告诉 B 他的理解是否正确。就这样一直重复，直到 B 完全明白 A 的意思。

4. 自我检查

在倾听的过程中，我们很可能会因自己的感受和内心的想法而分散注意力，这些感受和想法通常是对他人所说的话的反应，而应对这些内部干扰的最佳方法是不带批判地察觉并承认它们的存在。

第 16 天　化解冲突

当我们与他人产生矛盾时，不妨先按下暂停键，观察一下此刻的状况。我们可以先静观自己的情绪和需求，再反观对方的情绪和需求，这样可以帮助我们更加清晰、客观地认识和化解冲突。

在处理与地位相等的同学或同事的关系时，我们可以遵循以下建议。

1 及时与对方反映你的理解，并且把你所看到的情况和问题反馈给对方。

2 与对方发生冲突时，等待一段时间后再做出回应。注意要深呼吸，避免冲动回应。

3 接受错误是难免的，人人都可能犯错。

上述建议适用于处理与我们同级别的同学或同事之间的关系。当我们需要承担起团队领导者的责任时，可以遵循以下原则。

1 组织一个优秀的团队，招募你想要的团队成员。

2 协商与团队合作的规则和限制：在达成任务前提的共识后，将任务全权委派给团队成员。

3 开始处理任务：首先让团队成员撰写一个行动计划和

大纲。

4 与团队成员一起审查他们提出的行动计划。

5 理解行动计划可能不是你首选的方式，但是你的成员最高效的工作方式。

6 设定任务开始日期和定期检查会议时间表，以监控进展并更新目标。

7 在任务结束时，用鼓励性方式提供反馈，让你的成员感受到被重视。

第 17 天　面对变化

面对变化，我们很可能会感到恐惧，这可能是出于三个原因：缺乏觉察、对现状的依恋感、有抵抗未知事物的倾向。

从第一天的练习到现在，我们已经一起学习了许多增加觉察的方法。下面这个练习将帮助我们通过锻炼开放注意力，摆脱对现状的依赖。在这样的开放注意力下，我们可以不再将注意力仅集中在某个我们熟悉的特定冥想对象上。反之，我们的目标是觉察陌生的这个时刻——现在——包含的点点滴滴。当我们正念地走进现在，现在将不再是陌生的、可怖的。非常重要的是，这个练习还将训练我们在集中注意力和开放注意力这两种正念模式之间的转换能力，特别是在我们面对高强度、多变化的学习场景时，能够帮助我们快速应变：了解新进度（开放）或专注于学习内容（集中）。具体练习步骤如下。

1　以一个舒适的坐姿开始。

2　将注意力集中在呼吸或你选择的任何其他冥想对象上，让这个注意力像岩石一样稳定，不受任何干扰。如果注意力分散了，轻轻但坚定地把它拉回来。让我们在接下来的 3 分钟内继续这个练习。

3 现在，我们转向开放注意力。将你的注意力集中在你所经历的一切和想到的一切上，让这种注意力像风中摇曳的小草一样灵活。在此刻，不存在分心之事，你所经历的每一个物体都可以是注意的中心。让我们在接下来的 3 分钟内继续这个练习。

第 18 天　保持内心幸福感

无论在学校还是职场，快节奏的生活常常让人倍感压力，甚至有时感到绝望。但不论身处何处，我们都应重视自己的身心健康。保持内心的幸福感，不仅有助于我们更好地应对挑战，还能提升我们的学习和工作效率。积极的情绪能够改善人际关系，无论是同学间的交流还是团队合作，都能因此变得更加融洽。神经心理学家和作家里克·汉森（Rick Hanson）表示，当人们有意识地专注于感到幸福的事情时，会增加大脑中有益神经化学物质的流动，分泌的化学物质会随着时间代谢。研究还显示，正念可以通过重塑大脑的神经结构提升幸福感。当我们把注意力放在让我们感到幸福的事情上时，与幸福情感相关的现有突触会变得更加敏感，新的突触也会生长。

下面的练习可以帮助你培养深沉内在幸福感。

1　找一个舒适的地方坐下，闭上眼睛，感受身体与周围事物的接触，然后深呼吸。

2　将注意力集中在你意识中令人愉快的一件事物上，保持 5~10 秒或更长的时间。

3　敞开心扉接受这件事物在你的身心中产生的感受，想象它融入你的内心。

4　转而关注你的精神状态，对自己说出你的真实感受，如 "我注意到我的思绪此刻非常凌乱"。

5 现在，请你对自己说："你好（你的名字），一切都
会好的。"

6 反复进行以上过程，无论出现什么感受，都持续祝
愿自己幸福。

第 19 天　高效休息

相信你一定经历过，明明整个白天都在忙忙碌碌地学习
或工作，感觉已经疲劳到极点，但是到了晚上休息的时间却
难以入睡，尽管我们可能并没有意识到这一点。尤其是在快
节奏、时间紧迫的日子里，如重要的考试之前，就算到了休
息时间，我们仍然惯性地处于担忧状态，就像高速运行的车
辆需要距离和时间才能刹停。

压力使我们心跳加速、呼吸加快、肌肉紧张，产生"战
斗或逃跑"的生理反应。下面的练习旨在通过正念告诉我们
的身体停止释放压力荷尔蒙，从而减慢心率，加深呼吸，培

养平静和稳定的力量。通过这个练习，我们能够越来越熟练、越来越快地进入休息状态。

正念休息的具体步骤如下。

1 放下正在进行的任务。

2 将所有注意力集中在呼吸上，在 3 个呼吸周期内，进行如下练习：

（1）吸气的同时注意你的呼吸，提高注意力的清晰度；

（2）呼气的同时放松肩膀、颈部和手臂，保持注意力的清晰度。

第 20 天　感恩练习

回想一下，我们每次真心地感谢他人的时候是否内心都充满喜悦？

感恩一词的英文 Gratitude 源自拉丁字根"Gratia"，意指恩惠、令人愉悦之意。所有由"Gratia"衍生的字或词都与仁慈、慷慨、礼物、给予和接受之美等有关。多位脑神经科学家的研究显示，真心感恩的实质改变可能远远超出我们的想象。研究表明，当我们培养感恩的心态时，大脑中与情绪调节相关的区域会被激活，从而减少抑郁和焦虑的情绪。同时，感恩也能够刺激大脑中的奖赏回路，增加幸福和喜悦的感受。

2015 年，加利福尼亚州立大学（California State University）进行了为期 10 周的研究。研究人员将参与者分成三组，第一组每天记录让他们感恩的事情，第二组每天记录让他们厌烦的事情，第三组每天记录中立的事件。研究发现，在 10

周后，感恩组对生活更加乐观和积极，他们的活力和健康状况也显著高于其他两组。美国心理学协会和《健康心理学》（*Health Psychology*）杂志发表的研究报告也发现，当我们将注意力集中在感恩上时，确实会对身体产生具体的影响，这些影响包括提高睡眠质量、减少焦虑和抑郁、减少炎症反应、降低心脏疾病风险等。

感恩与大脑之间存在着密切的关系。加利福尼亚州立大学的脑神经研究发现，当被试者接受礼物并感到感激时，大脑的前扣带回皮质和内侧前额叶皮质这两个区域会被激活，这些区域与道德、社会认知、奖赏、同理心和价值感有关。这也说明了一个结论：感恩的情绪使我们对他人持积极和支持的态度，同时有助于减轻压力。感恩还会激活下丘脑。下丘脑调节许多重要的荷尔蒙，掌管着体温、情绪反应及生存机制，如食欲和睡眠。感恩还能促进多巴胺的分泌，这是一种产生愉悦感的荷尔蒙。

让我们试着从今天开始，每天都记录下一些生活中让你心存感激的小事吧！我们可以遵循以下建议。

1　在早晨或睡前记下三件让你感恩的事情。这些事情可大可小，只要是能让你心里觉得温暖和感激的，都值得被记录下来。

2　与此同时，不妨试着向你的同学、朋友表达你的感谢，告诉他们你有多么感激他们的付出和支持，这不仅能让你们的关系更加紧密，也能让他们知道他们的努力得到了你的认可。

3　当然，感谢自己也是很重要的。在刷牙的时候，或是任何你觉得合适的时刻，你可以想想自己最近做得不错的事情，或是欣赏一下自己身上的某个特点。这样做可以让你更加珍惜和爱护自己，提升你的自我价值感和自我爱的意识。

下面，我们一起来做一个可以帮助我们在每天清晨启动大脑的练习，具体步骤如下。

1 起床后坐下并呼吸（1.5 分钟）：挑选一个安静的区域，双脚平放在地上，挺胸抬头，进行三组呼吸练习，每组持续 30 秒。

2 心之呼吸（0.5 分钟）：当你进行呼吸练习时，把手放在你的心脏上。

3 表达感激之情（3 分钟）：回想三件令你感激的事情或三个令你感激的人，尽量身临其境，每一分钟切换一件事情或一个人。

第 21 天　慈悲冥想

Compassion Meditation（慈悲冥想）一词来源于梵语"metta bhavana"。这种冥想练习旨在培养积极的情绪、慈悲心和无条件的爱。"metta"有时被翻译为"广阔的友善"，以强调所产生的情感的非个人性质，没有任何回报的愿望或期望。练习者会用温柔而有意义的话语向自己和他人送去祝福，并培养对所有众生的善意与关怀。

在现代社会的情景下，我们可以通过慈悲冥想减少因内卷压力可能导致的嫉妒、悔恨和贬低自我价值，学会真正为他人的成功和成长感到幸福。

1. 准备姿势

找到一个舒服的姿势尤为重要。你可以躺着或坐着，将注意力集中在腹部的呼吸上。

2. 接受善意

（1）回想那些我们相信真正为我们好的人，向我们表达了善意和支持的人，让他们在你的脑海中自然浮现，就好像他们就坐在你面前一样，正在对着你微笑。

（2）想象一下他们真诚地希望你快乐、充实，并在下一次的呼吸中带入这样的善良意图。

（3）感受这个人在你心中的存在，在心里对着那个人说话，加上他的名字说，愿这个人幸福，愿这个人健康，愿这个人平安，愿这个人活得轻松、自在、快乐、健康、平安。

3. 给予善意

（1）有了这种支持和幸福的感觉，我们现在可以将这种快乐的动力传递给他人，想想在你的生活中需要帮助的人。

（2）当你吸气时，感受希望这个人真正快乐的想法给你带来的满足；当你呼气时，祝愿这个人幸福。

（3）将这种祝愿他人美好的心态从对个人转移到社会，甚至世界，尽你最大的努力去充分地体会和感受你对自己说的话，愿所有人都能幸福，愿所有人都能健康，愿所有人都能拥有平安，愿所有人都活得轻松自在。

第四章

一天正念练习

开启清明的一天

清晨，你从甜美的梦境中醒来。与世界一同苏醒的，除了身体，还有我们的心和觉知。经过一个晚上的休息，早上醒来时是我们体内的能量最充足的时候。这时，你可以先不必急着起床，就利用这片刻时间，做一次清晨的冥想吧。

所谓正念，就是我们把全部的注意力专注于当下，让迷失在纷乱思绪中的心灵重归身体，回归此刻的现实。在这样的情况下，我们能以更清明的觉知观察正在发生的一切。没有对过去的懊悔，也没有对未来的焦虑和恐惧，只剩下此时此刻的存在和拥有。能量在我们的身体中流转，带动整个身心渐渐神清气爽。让我们伴随着呼吸，用心去感受能量的流动。通过晨间的冥想练习，我们可以唤醒我们的大脑，开启美好一天！如果我们能够以正念的方式面对这样的情境，或许一天的开始会有所不同。

在乘坐地铁时，你选择了一个舒服的姿势坐在座椅的前 1/3 处，背部挺直而不僵硬，让新鲜的空气可以流动你的全身。你将双手轻放在膝盖上，闭上眼睛，进行了三次深长的呼吸。用鼻子吸气，用嘴巴吐气。深深地吸气，缓缓地吐气；深深地吸气，缓缓地吐气；深深地吸气，缓缓地吐气。随着深长的呼吸，你感觉身体越来越放松，头脑也越来越清明。你不再刻意呼吸，而是让呼吸调整到自然的节奏，就像平时一样。

现在，将注意力转移到当下已经拥有的事情上面。你开始回顾生活中已经拥有的东西，那些默默地支持着你的人和事。你感受到自己的臀部和座椅接触的感觉，你将身体的重量交付于它，而它此刻正稳稳地支持着你……你感受到身体和衣服接触的温暖，生发出对身边人的感恩。家人、伴侣、朋友、同学或同事，甚至陌生人，他们在你的生命中扮演了重要的角色，给过你支持和帮助。你感恩和平、稳定的祖国，让你不用躲避战乱；你感恩老师和同学提供的帮助，感恩有机会接触新的知识；你感恩从事的工作，让你有机会自食其力，有空间去付出。练习结束后，你活动了一下双手双脚，慢慢地睁开眼睛。当地铁到达目的地时，你迈出车厢，开始新的一天的工作。你不再感到匆忙和紧张，而是感到内心的宁静和放松。在接下来的一天里，你决定继续用正念的方式面对生活，留意那些让你动容的片刻，感受其中的美好。

精神饱满地进入学习状态

与其带着混乱的思绪慌忙地进入一天的学习或工作，不如找一个安静的地方，以一种你感到舒服的方式坐下，先做一个简短的静心来清理思路，它可以帮助你以精神饱满的状态完成接下来的任务。翻书声，偶尔发出的键盘敲击声和低语声，仿佛营造了一个白噪声的场域。

保持背部挺直而不僵硬，面部放松，肩膀也放松，头部、颈部和脊背形成一条舒适的直线，双手轻放在膝盖上。当你准备好时，你可以轻轻地闭上眼睛，进行三次深长的呼吸。用鼻子吸气，用嘴巴吐气。深深地吸气，缓缓地吐气；

深深地吸气，缓缓地吐气；深深地吸气，缓缓地吐气。慢慢地，你释放了身体中所有的紧绷和压力；慢慢地，让呼吸恢复到自然的节奏上。

现在，请打开你的感知，去感受双脚踩在地板上的感觉，是坚硬的、柔软的，还是怎样的感觉；感受鞋子包裹住双脚的感觉；感受你的臀部和座椅或垫子接触的感觉；感受你压在上面的重量，以及你和它接触的温度；感受你的衣服的材质和皮肤接触的触感，是轻薄的、厚重的、柔软的、透气的，还是一种怎样的感觉；感受你周围空气的流动；感受微风吹过身体的感觉；感受此刻你的眼皮上变化的光亮……

重新注意你的坐姿，看看是否有倾斜或是摇摆，如果有，请恢复到庄严而谦卑的坐姿上来，感受坐姿带给你的笃定和尊严。

然后，将你的觉知扩大到整个身体，感受身体存在于这个空间之中，感受此刻的身体是否有特别的感觉，是刺痛、僵硬、紧绷，还是很舒服？花点儿时间去探索。

接着，打开你的嗅觉。此刻，在这个空间中正漂浮着哪些气味呢？是隔壁某个人正在吃的早饭的味道，是某个人身上的香皂味，是前方刚刚被浇灌的绿植散发的泥土味，还是什么味道都没有？去感受它们，不带有任何评判。花点儿时间，去感受这些气味的来去交融和变化。

接下来，把注意力放在你的听觉上，开放地觉知你周围的声音。也许是人们隐隐约约的说话声，也许是空调和风扇的呼呼声，也许是汽车的鸣笛声……用放松和接纳的觉知去倾听它们，倾听此刻远处的声音，进处的声音，一个声音的渐变，声音和声音的合奏……

现在，你的感官已经完全打开，感受你此刻身心的放松和接纳，感受无穷的生命力在你的身体内和身体外一刻接着一刻地呈现，而你在一旁静静地容许着这份自由。

稍后，我们将结束这个练习。在完成这个练习前，请你把这份觉知和接纳带到今天接下来的学习或工作中。愿自己有觉知地正念，愿自己开放地接纳接下来的每一刻，愿自己以慈悲理解之心看待一切。

生活上的正念沟通

学习和工作的过程中免不了沟通。也许做某件事本身对你来说并不难，但是沟通却让你很头疼，也许你还为此看了不少关于沟通技巧的书，但一回到课堂或办公室，就又被打回了原形。没错，沟通除了你说出口的话，还夹杂着你当时的情绪，你的眼神、表情和动作。

阻碍我们良好沟通的情况往往有以下几种。

一是走神。别人对我们说话时，我们常处于分心的状态，无法正念地聆听，或许是觉得"我知道他要说什么，这浪费了我的时间，希望他赶快说完"，或许是盘算着自己要说什么，好维护接下来自己的观点。

二是我们对他人说的话怀有期待。我们希望说出去的话会获得他人的认可，或是在这个对话中获取控制权，自然也会因为他人的话不符合我们的期待而对他人和说话的内容产生评判和厌恶。

三是在沟通的时候，我们常常处于无意识的自动导航模式下，话往往带着情绪脱口而出，却没能符合我们深层的意图，说完后又觉得十分懊悔。

所谓正念沟通，就是当我们倾听的时候，我们将身心全然地投入到倾听的过程中，就像你不曾了解此人一样，带着一种纯粹的期待和注意力去聆听他；而当我们说话的时候，要带着觉知，以爱、慈悲和理解之心去说话，从而表达内在深层的意图。

下面我邀请你暂时放下脑海中的"沟通技巧"，单纯地尝试一下，用正念的方式来听和说。

请你找到一个能在接下来的时间内不被打扰的地方，舒服地坐着，背部挺直而不僵硬，全身放松，双手自然地放在膝盖上。

当你准备好时，你可以按照自己的节奏，缓缓地闭上眼睛，进行三次深长的呼吸。用鼻子吸气，用嘴巴吐气。

现在，让呼吸的节奏调整到自然的状态，我们快速地做一遍身体扫描。让呼吸流淌过身体的每一个部位，感受每一个部位的放松。放松你的双脚、双腿、腹部、胸部、背部、肩部、手臂、颈部、头部……感觉一种放松的感觉在身体内缓缓展开。在这个过程中，如果你发现自己走神了，没有关系，只需要温和地把注意力重新带回到身体的感觉就好。

接着，请你把注意力集中在听觉上，开放地觉知你周围的声音。远处的声音，近处的声音，明显的声音，细微的声音……一个声音，从开始到消失的渐变声音，和声音交融的合奏声音，和声音之间的空隙……没有任何评判，只是去感受声音本身；没有头脑的分析判断，只是开放地、接纳地去听。

现在，请放下对听觉的关注，让我们回忆一个最近发生的让你觉得困难的对话场景。这可能是一次不愉快的对话，也可能是和朋友的争吵。就像看电影一样，想象在你的脑海里清晰地重现了当时的情境。那是怎样的场景？里面有谁？说了什么？你们之间的互动如何？他正在对你说话，看看他在对你说话的同时，自己有没有闪过什么念头。伴随着这些念头，你的情绪是怎样的呢？是厌烦的、气愤的，还是怎样的感受？

现在，感受一下这股情绪对应的身体部位，感受一下这些部位的感觉。可能这些部位并不舒服，那么，让呼吸流淌过这些部位，让呼吸和身体的感觉带你回到当下，打开你的感官，就像前面的听觉练习一样，带着一种纯粹的渴望和注意力去聆听此人。听一听他是谁？他的话外之音是什么？我真的听懂了吗？他背后隐藏着怎样的渴望？也许他此刻正在经历痛苦，也许他从来都没有被认真地聆听过，也许他只是希望被关注，也许他有着深深的无价值感，希望自己也能有价值。你就这样安静地坐着，聆听着，一呼一吸之间，守着你的觉知，不去打断他，给予对方一次自我表达的机会，一次被人真正理解的机会。

当你听完他的表达准备回应时，你也要留意一下心中浮现的情绪，以及此刻你的身体感受。也许是不符合预期的反感，也许是想要反驳的冲动，也许是被误解的委屈……那么，暂停一下，感受一下情绪带给你的身体感受。同样，让呼吸一次次地流淌过这个部位。在你开口之前，慢下来，邀请出那个内在最智慧的你，想想你最深的意图是什么，你该如何表达你最深的意图……

对方可能因为过去的负面经历难以信任他人而对我们报以质疑和嘲讽。即使这样，我们仍要练习平和地说话，保持着理解的态度说话。你会发现，耐心不懈的善意和理解终将消容一切。

现在，这个练习即将结束。新的沟通习惯的养成需要一次次的反复演练。如果你愿意，也可以重复这个练习，每次重复你都会更加熟练。

接下来，慢慢地活动一下你的双手、双脚，慢慢地睁开眼睛，带着正念的倾听和爱去迎接接下来的学习或工作。沟通不再是我们彼此伤害的方式，而是滋养关系的美妙方式。

午休时间给大脑充充电

一上午的学习已经让你精疲力尽，或者你已经跟导师讨论了好几次论文的修改方向，好不容易能趁着吃午饭的时间休息一下了，又想起家人对你的学习和生活总是喋喋不休。午饭后你看了看时间，距离下午上课只有半个小时了。阳光懒洋洋地透过窗户照射进来，刚吃完午饭的你感觉有些犯困和疲倦。小憩一下或许来得及，但如果睡不醒可能会影响下午的精神状态。这时，你可以用手机设置一个半小时的闹钟，做一次冥想练习来给大脑充一充电。

请你找到一个能在十分钟内保持安静且不会被打扰的地

方，用一个舒服的姿势坐下或躺下，双手放在膝盖上或是身体两侧，目视前方，视线微收，放松眼部肌肉和眼皮，很自然地、轻松地眨眼睛，不用着急立刻将眼睛闭上……很自然地、轻松地眨眼睛，很自然地间隔两秒、三秒、五秒……

眨眼的同时感受着你的呼吸，让眼睛按照自己的节奏慢慢闭上。眼睛闭上以后，继续缓缓地呼吸。随着呼吸，你释放掉了身体不必要的紧张和压力。如果需要的话，你也可以把一只手放在心脏、胃或其他需要安抚的身体部位。

今天的呼吸练习不仅是觉察呼吸，更重要的是带着一份慈悲和关爱给自己。当然，在接下来的过程中，你也可以随时把手放回原位，或是调整到需要安抚的部位，给自己一份关怀和支持。继续感受着呼吸，感受气体进入你的鼻孔、胸腔，净化着你的身体，再从胸腔、鼻孔将废气排出。新鲜的氧气进入，多余的废气排出。

如果此刻你感觉觉察呼吸有点困难的话，你也可以关注呼吸带来的身体感受，像是腹部的扩大、收缩，或是将身体作为一个整体一起去感受。当你吸气的时候，你也可以想象气息从脊柱底端进入头顶正中央，在这个过程中，没有任何阻碍或干扰；当你呼气时，气息从头顶逐渐释放到脊柱底端。随着呼吸，你的身体在一点一点地软化，就像捏紧的海绵在一点一点地松开。

请注意你的身体如何在吸气时获得滋养，如何在呼气时得到放松，感受气流就像一只温暖柔软的手，正在安抚着你的身体的各个部位和内脏器官。下面，请你花一点时间，去感受这种滋养和放松。请留意，在呼吸的过程中，你是否可以让身体带领着你呼吸。你不需要主动做出任何努力，只是跟随着它自然的节奏。

如果你发现自己在控制呼吸，那么，请尝试放下这份控制，仅仅感受它本来的节奏。下面，请你花一点时间，去感受呼吸的节奏，感受气流进出的节奏。就像你坐在海边看着海浪，一起一伏。这个时候，你可能会发现自己走神了，没有关系，这是心的本来特性。它就像一个好动的孩子，你只需要温柔地唤回它，再次关注呼吸就好。

也许你会发现拉回注意力很难，那就不要强求，带着温柔的呼吸和它待上一会儿，静静地在一旁看着思绪的变化，然后，再次将你的注意力带回到呼吸上来，就这样自然地呼吸，容许你的身体出现的任何感受，不带评判地、开放地接纳它的出现和消失……你就这样呼吸着，感受呼吸流淌过身体带来的内部滋养；就这样呼吸着，试着将自己交付给呼吸，让呼吸成为当下唯一的存在。

请你花一点时间，就这样静静地坐着或躺着，不需要做什么，也不需要奔赴什么，你就是呼吸本身，你就是此刻这一份安宁的存在。

现在，我们的练习即将结束。当你准备好时，你可以将双手的手掌轻轻地覆盖住眼睛，停留一会儿，然后慢慢地移开手掌，睁开眼睛，渐渐地把意识从对内的感受转移到外部世界上。别忘了，即便是回到接下来的学习中，在你需要的时候，你仍然可以回到这个自我关怀的呼吸上来，随时给自己充会儿电。

与突发事件产生的不满相处

面对突如其来的任务，我们总是感到很无奈。

当你正准备收拾书本，结束一天的学习时，手机却突然响了起来，你拿起手机一看，是班级群的消息，老师临时通知今晚有小组讨论。原本和同学去看电影放松一下的计划，就这样被突如其来的任务打乱了。这种情况似乎都屡见不鲜。

每当这种时候，我们都会有些不满、烦躁，甚至委屈。环顾四周，同学们也大都面露疲色，但还是默默地拿出书本，准备开始新的任务。A 同学最近准备考研，压力已经很大了，但他还是选择留下来参与讨论；B 同学身体不适，但她也没有请假……回想起当初刚刚走进校门时，我们或许也会为了一次突如其来的加班加点而抱怨，但随着时间的推移，我们逐渐明白，这些突如其来的任务，就像生活中的小插曲，虽然有时会打乱我们的计划，但也是我们成长的一部分。

当我们选择以积极的心态去面对这些不愉快时，它们就不再那么令人烦恼了。我们学会了接受这些任务，将其作为生活的一部分，从而调整自己的心态，更好地应对它们。我们都明白，那些看似不愉快的经历，其实都是我们成长的垫脚石。你可以选择发泄情绪，也可以选择面对如常。当我们对抗不愉快的时候，这些不愉快的体验往往不会消失，相反，它们会更加强烈。

对抗的表现除了烦躁、担忧、愤怒和身体反应外，还有一种常见形式，那就是否定。研究发现，当我们试图去压制那些我们不想要的想法或感受时，它们反而会变得更加强烈。就像有人要求你不要去想一头粉色大象，但是大概率你满脑子都会想到粉色大象。正如静观自我关怀的两位创始人所言，我们能治愈那些我们能感觉到的事情。如果我们能完全承认并接纳，事情的确很痛苦，并且因为接纳了痛苦本身而善待自己，我们就更容易与这种痛苦相处。正念就是注意当下的发生，注意这个发生本身及其特征，而不迷失在好坏的评判之中，让我们避免陷入情绪的内耗。

接下来，让我们花一点时间，与其充满对抗地加入大家的吐槽，或是陷入自我对抗的情绪之中，不如趁现在，跟着引导语，以正念的方式看看如何与对抗的情绪共处。

请你找到一个能在接下来的时间内不被打扰的地方，舒服地坐着，背部挺直而不僵硬，全身放松，手放在膝盖上，视线内收。当你准备好时，你可以按照自己的节奏，缓缓地闭上眼睛，进行三次深长的呼吸。用鼻子吸气，用嘴巴吐气。深深地吸气，缓缓地吐气，感受呼吸最明显的部位。随着呼吸，你卸下了身体中所有紧绷的力量；随着呼吸，慢慢地，把对外的觉察转移到身体上来。

现在，请想象一个让你觉得痛苦和对抗的场景，如即将到来的考试，或是某个不想去做的、正在拖延的任务。任意选择一个场景，在你的脑海里像过电影一般重现那个场景，越详细越好……

现在，反问自己，你是如何知道自己正在对抗的？身体是否有什么不舒服的感觉？心中是否产生了任何情绪？如果有情绪，看看你能否给它命名，如愤怒、烦躁、担忧……

如果你感受到很多情绪，试试看能否说出与这个场景最相关、感受最强烈的那一个，给它贴上标签，用温和、理解的语气，在心中对自己重复那个情绪的名称，就好像你在确认一个朋友的感觉：哦，那是悲伤；哦，那是烦躁；哦，那是担忧……

接着，把注意力转移到你的身体上，看看身体的哪个部位最容易感知这个困难的情绪。也许是胸口发闷，也许是喉咙发紧，也许是胃痛，也许是头晕……那么，让你的注意力转向这个最明显的部位，容许自己的觉知完全地栖息在这种情绪带来的身体感觉里。你也许忽视了它很久，那么，现在就像久别重逢的老朋友一样，陪它一会儿。

继续感受这个部位的感觉，同时把呼吸带到这个部位，仿佛呼吸就像微风一样，一遍遍地轻抚着它。

我们不需要试图去控制什么，或者试图去改变什么，只是伴随着呼吸，和它在一起，用这种接纳的、温和的方式抱持着它。我们可以抱着好奇的心态，看看伴随着呼吸，这个部位的感受是否有变化。

对抗是我们本能的自我保护方式，让我们得以免受伤害，所以，我们要理解并感恩它的存在。接着，用我们此刻平静的心，花一点时间思考一下，如果我们不加觉知地陷入自动导航的对抗模式之中，后果会怎样？如果我们觉知，知道了对抗并选择不再对抗，或是少一点对抗，生活是否会变得容易一些呢？

接下来，再次将你的意识慢慢地带回到呼吸上。你可以放下这个练习，只是去感受自己的呼吸……

现在，你已经知道了对抗在情绪和身体上的反应，下次当你注意到对抗情绪出现的时候，你可以用一种中立的、陈述事实的方式给对抗贴上标签。我们越能发现自己的对抗，就越不会让自己的生活出现不必要的紧张和压力，也越能在艰难的情境下采取明智的行动。

现在，我们即将结束这个练习。如果你愿意，每当对抗情绪出现时，你都可以做这个练习，去关注情绪所在的明显的身体部位，并容许它的存在，感受它在身体中的流动和消融。在这个过程中，你会越来越熟练地与自己的情绪共处。接下来，慢慢地活动你的双手、双脚，缓缓地睁开你的眼睛，带着这份对内在情绪的接纳，投入接下来的学习之中。

正念放松减压

长期盯着书本或屏幕让你的眼睛有些酸胀，你起身收拾着散乱的书桌。窗外的天色早已完全黑了下来，一整天的学习，长时间静止的姿势，以及高强度的精神紧张，让你的肩颈肌肉处于紧张和僵硬状态。人们之所以会持续地紧张疲惫，是因为我们没有学会放松。现代人生活节奏快、压力大，经常处在高度紧绷状态，导致身心俱疲。但是，我们对"放松"的理解似乎存在误区。放松并不是单纯地躺着不动，或是看个剧、逛个街这么简单。这些活动不仅对放松帮助不大，反而可能进一步消耗了我们有限的时间和精力，从而导致更大的疲惫。现代人不需要太多的体力劳作，但是身体内仍然存在许多紧绷感，持续不断地消耗能量。而所谓的放松状态，就是一种既不兴奋也没有不安的平静的状态。

当你坐上回家的车后，你可以给自己十分钟的舒缓时间，让身心放松一下。

让你的背部挺直而不僵硬，后背和头部形成一条直线，双手自然地放在大腿上，下巴微收。你不用急着闭上眼睛，只需要视线微收，自然向下，不聚焦。

下面，我们来做三次深长的呼吸，深深地吸气，缓缓地呼气。在这个过程中，很自然地、轻松地眨眼睛，很自然地，间隔一秒，两秒，三秒……在自然眨眼睛的同时，感受身体内部是否产生了一种放松的感觉，持续地感受着这种放松……这种放松也会出现在眼睛上，伴随着呼吸，感受着眼睛的放松，静静地，等待着眼睛的闭合。在等待的过程中，让你的眼睛不加控制地自然地眨动。你会感觉，眼皮好像越来越重，越来越重，随时都能闭合……慢慢地，按照自己的节奏等待眼睛的闭合。闭上眼睛后，感受眼睛和眼睛周围的肌肉，感受它们的放松。

当你持续地感受眼睛的放松时，看看会发生什么。眼睛的放松慢慢地扩展到了整个面部，你持续地感受这种放松。这种放松在你的身体内部一点点蔓延，你感受到整个身体的放松……

继续将你的注意力放在身体的感受上，不需要去找寻某种特别的感觉，或是扫描身体，只是开放地、接纳地感受自己身体的任何感觉……你会发现，在身体上，有很多感受是舒服的、不舒服的，或是没有什么感觉，又或是一种无法描述的抽象感觉。抽象的意思是，我们可以感受，但是没有办法用语言描述，我们也不需要描述。因为当我们开始描述的时候，大脑就已经开始工作了。我们只需要去持续地感受，无论它是什么。

在这个过程中，如果有什么特别的感觉出现，你也可以用好奇和探索的心和它待在一起，好奇地探索一下它的大小、深浅、强弱、持续和渐变……当这个感觉变淡了，你可以结束对它的探索，再次回到对整个身体的感觉上。如果此刻你发现自己走神了，也没有关系，你要做的就是再次回到你的身体感觉上，伴随着一次次的呼吸，感受你的双手、双脚、头部、胸部、腹部、背部，你会发现，那种放松的感觉会再一次出现。

在冥想的过程中，我们用一种大体的、笼统的感受去感受整个身体，感受随着呼吸，身体的放松或许能让你感受到心理的放松，那么，持续地去感受吧，这种放松也会越来越深入。

我们不需要去追求精准和完美，当你在追求精准的时候，你是在做事情；而在冥想中，我们不需要做事情，我们让一切自然地发生。我们如其所是地和呼吸在一起，和身体在一起，放松会自然地发生。伴随着呼吸，去感受你的身体，当放松的感觉出现时，持续地去感受这种放松，你会感觉到释放。随着放松越来越深入，你还会感受到内在的平静。

接下来，让我们放下对身体的关注，再次把注意力放到呼吸上来，去感受最明显的呼吸部位。我们知道，我们正在呼吸。吸气的时候，我们和吸气的过程在一起；呼气的时候，我们和呼气的过程在一起。我们感受着每一次呼吸的长短、强弱、冷热，感受着每一次呼吸的开始和结束。如果你感觉很好，也可以继续留在这种感觉之中，就这样坐着，什么都不做，容许一些时间的流逝。

这个练习在任何你想放松的时候都可以进行，它可以助你身心放松，内在清明。

正念饮食

本以为结束一整天的学习后终于可以好好休息一下，吃顿好的犒劳一下辛苦的自己，但尚未完成的作业和即将到来的考试，又迫使你不得不重新打开书本继续学习。你没有觉知地、机械地往嘴里塞着食物，胃被你塞得满满的，你却没能获得丝毫乐趣或放松。

当我们不处于正念的状态下时，我们常常心不在焉地只是重复着吃的动作，或是忽略身体感受的、情绪性的暴饮暴食，又或是将吃饭变成了一种想要快速完成的任务，随之带来的是肥胖、肠胃疾病、疲劳，又或是事后懊悔的消极情绪。所谓正念饮食，是将你的注意力投入整个进食的过程中，通过放慢品尝的过程，感受着食物本身和食物与身体的互动。正念品尝食物时，你可以放慢节奏，不要着急吞咽，而是在嘴里多咀嚼几下，把注意力保持在口中的感觉上——味道、温度、软硬度等。你不必急着囫囵吞咽，而是学会在每一口之后暂停一会儿，享受繁忙生活中的短暂停留。专注在食物上可以促进消化液分泌，改善胃肠功能，让身体能够更好地吸收食物的营养成分。长期坚持正念饮食可以让你更有自控力，更好地感受身体的饱腹信号，从而减少暴饮暴食和产生肥胖问题的可能性。如果你现在正准备吃晚饭，那么我邀请你一起来做下面这个练习，看看自己会有怎样的不一样的体验。

现在，先做一次深呼吸，将注意力放在你的胃部，感受你胃部的感觉。此刻是怎样一种感觉，是已经很饿了，还是并不太饿？用开放的、没有评判的、好奇的态度去感受此刻你胃部的任何感觉。

接下来，想象你来自外星球，你从来没有见过桌上这些东西，你可以观察一下面前这个被人类叫做食物的东西，它是什么颜色，有什么特殊的形状或纹路，它闻起来如何……注意一下，你在闻的时候是否会有唾液的分泌。你也可以把这盘食物拿起来感受一下它的重量。现在，选择一个你想要第一口品尝的食物，但是不要着急把它放入口中，而是先尝试用嘴唇触碰它，感受一下嘴唇与它的触感和温度。接着，你将食物送入口中，但是不要咀嚼，感受舌头触碰食物那一瞬间的感受，感受食物的味道在你口中扩散，并留意随之而来分泌的唾液。然后，试探性地咬下去，感受牙齿咬开食物的感觉。在咀嚼的那一瞬间，感受原本淡淡的味道冲破某个临界点快速扩散的浓烈。

你也可以感受食物在口中每一次咀嚼的变化和差异，感受下咽的过程，观察食物在被你咀嚼了几口之后才开始下咽的感受，以及食物从口腔滑落喉咙深处的感觉。也许你还会感受到食物从喉咙深处再往下到腹部的感觉，留意一下，腹部随着每一口下咽带来的饱腹感。在你感受到一个食物完全下咽之后，不要着急吃下一口，先暂停一会儿，感受食物在嘴里残留的余味，以及伴随着唾液的下咽，余味在一点点地变淡。

你也可以以游戏化的心态来做一些不同的尝试。一口慢慢地吃，再一口快速地吃，感受一下这两者之间的差异。然后，感受不同食物之间口感的差异。再然后，把不同的食物同时放入口中，感受交融混合的味道。观察一下自己习惯的进食方式，送入下一口是在一口吞咽完成之后，还是一口还未吃完，已送入了下一口，感受其中的区别。或许还未吃完，你就打起了饱嗝，那就趁此机会，感受一下你平时忽略的饱嗝。

在吃的过程中，你可能升起了念头，好吃的，不好吃的，喜欢的，厌恶的……你只需要不加评判地，让这些念头存在。如果你走神了，就和其他的正念练习一样，把注意力重新带回到你正在吃的食物上，继续品尝当下的食物。

请你花一点时间，感受一下从食物送到嘴里，到唾液分泌，到牙齿咀嚼，到食物滑落胃部，再到消化系统开始运作的整个过程。这完美的身体系统在背后默默地支持着你，构成了当下这个健康、充满活力的你。如果你愿意，也可以对自己的身体送上一份感恩。

现在，我们的练习即将结束。如果你愿意，你也可以带着正念的态度继续享用剩余的食物，并随着每一口食物的下咽，感受饱腹感的增强，去探索一下自己何时觉得吃饱了。

入眠前的放松

许多人常因在临睡前无法控制思绪纷飞而难以入眠。实际上，每个人的思维都如同公路上络绎不绝的车辆，一旦我们追随这些思绪任意驰骋，便极易引发大脑的兴奋状态，从而难以入眠。睡前的胡思乱想与我们日常练习中觉察和放下的想法，在本质上并无二致。它们都只是大脑中的念头，而非真实存在的事实。明白了这一点，我们或许能更容易地放下这些思绪，让心灵得到宁静，从而更容易入睡。现在，我想邀请你跟着我的引导放松身心，让头脑归于平静，准备入眠。

让我们舒服地平躺在床上，面部朝上，双腿伸直、微张，双手放在身体的两侧，轻轻地闭上眼睛，先做三次深长的呼吸，深深地吸气，缓缓地呼气，感受着腹部随着呼吸的一起一伏。

现在，请用力地握紧你的双手，尽最大的力气保持住，一秒，两秒，三秒……然后，将双手放开，感受双手瞬间释放后的感觉，那是一种放松的感觉。接下来，再做三次深呼吸，深深地吸气，缓缓地呼气。

现在，绷紧你的全身，绷紧你的双肩、腹部、腿部、脚掌和脚趾。保持住，一秒，两秒，三秒……然后，将身体放开，感受全身瞬间释放后的放松的感觉。接下来，让我们再做三次深呼吸，深深地吸气，缓缓地呼气。

现在，你已经了解了放松的感觉，继续保持这样的呼吸深度和节奏，把注意力带到全身。如果你在这个过程中有任何走神也没有关系，再次把注意力转移到身体的部位上就好。

　　现在，把注意力放在你的脚尖上，记住刚才放松的感觉，放松你的脚尖，感受这种放松的感觉，脚尖放松了，放松了……这种放松的感觉开始蔓延到你的脚掌，脚掌放松了，放松了……这种放松的感觉继续蔓延到小腿，小腿也开始放松了，放松了，感觉非常舒服……这种放松又转移到你的小腹，小腹也放松了，放松了，感受这种放松的感觉，持续地去感受……放松的感觉蔓延到你的腰部和臀部，腰部和臀部也放松了，放松了，感觉非常舒服，持续地去感受这种舒服……这种放松的感觉扩散到你的背部，背部也放松了，放松了，仿佛在热水中融化了一般，融化了，融化了……接着，放松的感觉扩散到你的肩膀，整个肩膀也放松了，放松了，感觉非常放松，非常舒服……接着，这种感觉蔓延到你的大臂和小臂，大臂和小臂也放松了，放松了……接着，这种感觉蔓延到你的双手和每个指尖，仔细地感受，你会感受到指尖麻麻的感觉，麻麻的，麻麻的，那是血液流动的感觉，非常舒服……接着，放松的感觉再次来到你的双肩和脖子，感受肩膀、脖子的肌肉松了下来，松了下来，非常放松，非常放松，持续地去感受这种放松……放松的感觉从脖子扩散到你的面部和头部，面部和头部放松了，放松了，感受头部沉沉地埋入枕头中，非常舒服，非常舒服……放松的感觉来到你的嘴巴和嘴巴周围的肌肉，你的舌头、牙关节也放松了，放松了，持续地去感受这种放松……接着，放松的感觉继续蔓延，蔓延到你的头部，头部也放松了，放松了，持续地去感受这种放松的感觉，麻麻的感觉……现在，你的全身已经放松了，持续地去感受这种全身的放松，随着每次呼吸，你越来越放松，越来越松弛……

随着这种放松自然地让睡意到来。晚安，好梦。

失眠疗愈

人的一生有 1/3 的时间在睡眠中度过。规律的作息是精力充沛的保障。然而在现代社会，由于与日俱增的压力，失眠成为一种非常普遍的现象。也许此刻你已经在床上辗转反侧了一个小时，仍旧无法入眠。那么现在就告诉自己，当压力很大的时候，有入睡困难是很正常的。放下对抗和较劲，让我们暂停思绪，放松身体，睡眠便会自然而然地到来。

让我们调整一下姿势，平躺在床上，双腿自然伸直，双手放在身体两侧。不要着急闭上眼睛，我们先做三次深长的呼吸，深深地吸气，缓缓地呼气，感受着腹部随着呼吸的一起一伏。继续保持着这样的呼吸深度和节奏。

然后，将你的注意力放在眼皮上，让你的视线虚焦，眼睛看着天花板自然地眨动。一秒，两秒，三秒，四秒，五秒……你会感觉眼皮越来越重，越来越重。随着自己的节奏，自然地闭上眼睛……

闭上眼睛之后，继续把注意力放在眼皮上，你会感觉眼皮越来越重，越来越重，重到你不想再次打开。就这样，眼睛很舒服地闭着，闭着……

现在，想象你来到你认为最美丽、最安全、最放松的地方。也许是风和日丽的海岸边，也许是鸟语花香的花园里，也许是冬日里坐在炉火旁喝着咖啡、看着窗外的大雪……你可以没有边界地放开想象，想象那个专属于你的、安全的、舒服的地方，尽可能详细地想象，想象你看到了什么，听到了什么，闻到了什么，感受到了什么……

在这里，没有时间的概念。这是一段专属于你的、暂停的时光。你可以在这里，在这个地方，在这段时光里，充分地放松自己。

在这里，没有时间的流逝，你可以自在地享受这种放松。

在这里，你可以放下所有的防备，放下所有的担忧和烦恼。

就这样，享受着这里的平静和安详，享受着这种感觉吧。享受身体沉浸在这个没有时间、平静而安详的空间里。你感到很安全，很舒服，就让自己沉浸在这种舒服之中。

如果你的身体有任何紧绷，这种紧绷会立马流淌出去，流淌出去……它们正在离开，正在离开……而你又再一次沉溺在这种舒服之中。持续地去感受这种舒服，在这个平静而安详的地方，想象自己很放松地在这里躺下来。在这里，你很安全，一切都是刚刚好。你的身体下面是一个松软的垫子，你平躺在这个垫子上，感到很温暖，很放松，很舒服……持续地感受这种放松，此刻，你只想沉溺在这种放松之中。

接着，倒数十个数字。每次倒数，你会感觉身体越来越重，越来越贴近垫子，越来越不想移动。

十，你感觉非常放松，非常舒服。头越来越重，越来越贴近垫子，感觉不想移动。

九，你感觉更放松了，更放松了。你感到肩膀稳稳地压着垫子，肩膀也越来越重，越来越重，重到不想移动。

八，你感觉越来越放松，越来越放松。背部也越来越重，越来越贴近垫子。你只想这样躺着。

七，你越来越放松，越来越舒服。胳膊也越来越重，越来越重，重到不想移动。

六，感觉更放松了，更放松了。臀部也越来越重，越来越贴近垫子，重到不想移动。你感觉更放松了。

五，很舒服，很放松。双腿也越来越重，越来越贴近垫子，稳稳地压着垫子。你不想移动，不想移动。

四，你更放松了，更放松了。双脚也越来越重，越来越贴近垫子。你不想移动，不想移动。

三，现在，全身都放松了，放松了。

二，现在全身都紧紧地贴着垫子，贴着垫子。

一，现在你已经完全地放松了，完全地放松了……

就这样，随着放松，睡意正在慢慢地蔓延。继续感受着放松，持续地感受着放松，让自己沉浸在这种感觉之中。就这样，让睡意自然地蔓延，自然地蔓延。就这样，静静地睡一觉吧，静静地睡一觉吧。晚安，好梦。

睡眠：睡个好觉

忙碌的现代人或许对口服褪黑素早已不陌生。褪黑素如今常被用于治疗失眠，它有助于人体保持良好的心情和安稳的睡眠。此外，褪黑素还是一种化学"超级英雄"，有助于防止癌症病变，对免疫系统和心血管系统均能起到调节作用。新泽西州立罗格斯大学（Rutgers，The State University of New Jersey）的研究人员发现，冥想者体内的褪黑素水平比未加入冥想前平均提高了 98%。其中，许多参与者的增幅甚至超过了 300%。由此可见，冥想可以使人体内褪黑素的水平提升，成为人类重新达到生物平衡的一种工具。

此外，冥想还可以减少去甲肾上腺素。去甲肾上腺素是一种神经递质，在调节大脑功能（包括睡眠—觉醒状态）方面发挥着重要作用，它的减少意味着身体系统中的压力激素减少，大脑会停止压力激素的释放，并切换到"休息模式"，把主导权交给副交感神经，从而让高负荷学习了一天的身体得到足够的休息与放松，以更好地应对之后的挑战。

睡前冥想的具体步骤如下。

1　通过正念捕捉褪黑素分泌的时间：觉察到自然睡意和放松，并在准备睡觉时保持这种意识。

2　睡觉一小时前关闭所有电子设备。

3　睡前一小时不进行思维活动，如学习、阅读等，你可以进行知觉活动，如洗碗、散步、听音乐。

4　睡前进行正念练习，将未解决的事情从意识中清空。

5 睡醒后先进行正念练习，避免在皮质醇分泌最高点开始新的一天。

希望到了此刻，你不仅在理论上对各种助眠方法有所了解，更是在实际生活中开始尝试和实践。每一个小小的改变，都是向着更好的自己迈进的步伐。相信今天的你已经悄然发生了变化，与昨天的你不同了。

第五章

他们的成功你可以复制——
场景应用案例

从药物减压到正念减压

在现代社会，手机成为了人们生活中不可或缺的一部分。然而，过度使用手机对健康和睡眠质量产生了负面影响，导致许多人面临失眠问题。

A同学是一名医学院的学生，他总是忙碌于成堆的医学书籍和资料中。白天，他忙于上课、做实验、写论文，一刻也不得闲。这种高强度的学业压力让他在晚上回到宿舍后总是难以放松下来。

为了缓解一天的疲惫，A同学开始报复性地熬夜看视频、玩手机、打游戏。他沉迷于网络世界的虚幻与刺激，仿佛只有在那里，他才能找到片刻的安宁和放松。然而，这样的生活方式让 A 同学的睡眠质量越来越差，他的生物钟也完全被打乱了。

为了改善睡眠质量，A 同学开始尝试服用褪黑素。刚开始，褪黑素确实帮助他更快地入睡，但醒来后，他依然感觉疲惫不堪。为了维持睡眠效果，他不得不逐渐增加剂量，从一次吃一两片到一次需要吃五六片。这让他感到十分担忧，因为他明白，这意味着药效正在减弱，而他也开始对褪黑素产生了耐受性。A 同学渐渐意识到，仅依赖褪黑素并不能解决根本问题。

在一个偶然的机会下，A 同学接触到正念冥想。他开始尝试通过冥想的方式让自己的心灵得到真正的放松和平静。在冥想中，A 同学学会了观察自己的呼吸，感受身体的每一个细微变化，让自己的思绪逐渐平静下来。

随着时间的推移，A同学发现正念冥想不仅改善了他的睡眠质量，还让他的心态变得更加积极和乐观。他不再因为学业压力而感到焦虑和疲惫，而是学会了以更加平和的心态去面对生活中的挑战。

同时，A同学也改变了晚上报复性熬夜的习惯。他开始合理安排自己的时间，让学习和娱乐达到平衡。晚上回到宿舍后，他会先进行一段时间的正念冥想，让自己的心灵得到放松和安抚，再去洗漱、休息。

如今，A同学已经成为一名优秀的医学研究生，他的睡眠质量得到了显著的改善，心态也变得更加积极和乐观。他用自己的经历告诉身边的人：在追求进步和成长的道路上，我们应该坚持正念，相信自己，而不是盲目地依赖外在的物质和力量。相反，我们应该学会向内看，通过培养正念和积极的心态来面对学习和生活中的挑战。

从依赖线下到自由线上

C同学自幼便对心理学抱有浓厚兴趣。在大学期间，她加入了校园的正念减压社团，开始了冥想练习，并从中领悟到内心的宁静与压力管理的技巧。毕业后，尽管缺少了社团的支持，她仍渴望保持冥想的习惯，却感到缺乏动力和自律。

幸运的是，在瑜伽课上，C同学结识了几位冥想爱好者。他们共同组建了一个六人的冥想小组，相互监督、打卡，这个小组成为她冥想旅程中的坚实后盾。每周五的聚会，也成为她分享冥想体验、交流心得的宝贵时刻。她经常向小组成员请教如何集中注意力，大家也会热心地提出建议和看法。

然而，三个月后，由于工作繁忙或兴趣转移，小组成员纷纷退出，C同学再次感受到冥想的孤独与困难。这时，她听闻了冥想社区的概念，决定尝试线上寻找新的冥想伙伴。

在冥想社区和论坛上，C同学遇到了来自五湖四海的冥想爱好者。尽管彼此相隔甚远，但他们通过视频聊天和消息交流，分享着冥想的心得和进步。这种互动与支持，让C同学重新找回了冥想的乐趣和动力。

此外，C同学还加入了多个冥想应用和网站的在线社群。这些平台不仅提供了专业的冥想指导和音频练习，还举办了丰富多彩的在线活动。通过参加在线冥想工作坊、主题讨论和冥想挑战，C同学不仅拓宽了自己的视野，还与更多志同道合的人建立了深厚的联系。

对 C 同学而言，线上冥想社区不仅是一个支持和激励的平台，更是一个充满学习和成长机会的广阔天地。她在这里与不同背景的人交流，汲取各种冥想方法和理念，不断精进自己的冥想实践。这段线上冥想之旅，让 C 同学深刻体会到与冥想社区互动的价值与魅力。

从自我怀疑到自我关怀

大学毕业后，E 在知名的互联网公司工作，她对工作充满热情，渴望通过努力取得职业上的成功和成就。她经常加班到深夜，担忧自己的表现不够出色，害怕自己的能力跟不上公司的步伐。然而，有一天，她收到了一个令人震惊的消息：由于行业动荡，公司决定进行重组和裁员，而 E 不幸成为被裁掉的一员。这个打击让她感到绝望和失落，她从未想过自己会面临失业的境地。

这个突如其来的改变让 E 陷入了深深的失落和无助

中。她感到自己失去了方向和动力，开始怀疑自己的价值和能力。她担心自己是否还能找到一份满意的工作，继续追逐自己的职业目标。E不愿意见人，每天躲在家里，对重新找工作的事情也提不起兴趣，陷入了自暴自弃的状态。

一天，E的姐姐给她发来一个关于正念减压的讲座，鼓励她观看。起初，E并不感兴趣，但在姐姐的劝说下，她还是看了。讲座中，老师讲述了现代社会中许多职场人士面临的压力和焦虑，以及如何通过正念练习来平复负面情绪，重新获得做事的动力。

渐渐地，冥想帮助E找回了内心的平静。她开始接受这次失败，明白这并不意味着她的一生都被定义了。随着时间的推移，E的心态逐渐转变。她意识到这次失业并不是终点，而是一个重新评估自己职业道路和目标的机会。

她决定以积极的态度面对这次挑战，将其视为一个重新开始的机会。E 开始实践正念和冥想，培养觉知和接纳的能力，这让她能够更好地处理内心的焦虑和不安，保持积极和专注的心态。她发现，通过正念的实践，她能够更深入地认识自己，找到内在的动力和目标。

E 逐渐从失落中走出来，开始重新寻找工作机会。她不再过分担心自己的表现和能力，而是更加关注自己的内心需求。她学会了如何平衡工作和生活，给自己留出时间和空间去思考和成长。

最终，E 找到了一份满意的工作，并且在新的工作中表现出色。她明白了职业成功不仅取决于外部的评价和认可，更重要的是内心的平衡和成长。

接下来，我想邀请你一起尝试 E 的同款冥想训练，让我们换种方式与情绪共处，让这些被压抑的、忽视的情绪释放出来，逐渐培育出自我关怀的能力。

请你找一个能在接下来的时间内不被打扰的地方，以体现尊严的方式安坐着，背部挺直而不僵硬，全身放松，手自然地放在膝盖上，视线慢慢内收……当你准备好时，你可以按照自己的节奏缓缓地闭上眼睛。让我们做三次深长的呼吸，用鼻子吸气，用嘴巴吐气，深深地吸气，缓缓地呼气。

随着呼吸，你释放了所有的紧绷和压力。慢慢地将呼吸调整到让你舒服的、自然的呼吸节奏，记住这份对呼吸的察觉，让我们把外在的注意力收回到自身上来……

现在，我需要你在脑海里重现一个工作中带给你压力、困难的场景，如领导的批评、同事的质疑，或是一次不愉快的沟通，等等。请选择一个中等强度的、不会引起强烈情绪的事件，因为，我们需要逐步培育出自我关怀的能力。

想象你在脑海里清晰地重现了当时的情景，想一想，那是怎样的情景，里面发生了什么样的事情，有哪些人，哪些人在说话，你和他们的互动如何……

当你重现这个困境时，你能感受到身体上的不舒服吗？也许是胸口发闷、喉咙发紧、胃痛、头痛……那么，让注意力转向这个最明显的部位，以开放、好奇、探索和不评判的心态，稍微花一点时间去观察这种身体的感觉。

允许自己的觉知完全地栖息在因这种情绪带来的身体感觉里，让呼吸一次次地流淌过这个部位。这个部位仿佛被放到温水中一般，在慢慢地消融。如果没有消融也没有关系，带着探索、开放的心态，看看这个感觉在这个部位的变化。请你花一点时间，和情绪拉开一点距离，不带评判地、正面地去感受它。

此刻，你仍保持着身体的正直和放松。现在，你可以试着对心中的自己说话。如果环境方便，你也可以说出声来，用缓慢而清晰的语速，跟着下面的引导语来说，并且每说完一句做一次深呼吸。

"我承认，现在是个艰难的时刻……"吸气，呼气。

"我承认我现在感到压力很大……"吸气，呼气。

感受一下当你说出"我承认"的时候的感觉。

吸气，呼气，"我承认这个混乱的环境让我难以应对……"

吸气，呼气，"我承认，我感到很愤怒……"

吸气，呼气，"我承认我感觉很累、很委屈。"

吸气，呼气，"我承认，我感到很迷茫，我不知道该怎么做……"

呼气，感知一下此刻你的呼吸和你的身体反应。你知道这个伤痛不仅你有，整个大环境中的所有人，在某个时刻都活在这种伤痛之中，而此刻你只是承认，并把它说出来。说出来后，你会发现会有一些变化在发生。然后，继续以体现尊严的方式安坐着……

接着，你对自己说"我允许这是个混乱而艰难的环境……"吸气，呼气，感受一下，当你说出"我允许"的时候的感觉，是别扭的、顺畅的，还是什么感觉都没有。任何感觉都是被接纳的。

吸气，呼气，"我允许事情发生了，就是发生了……"

吸气，呼气，"我允许我表现得不够好，我只是在当下做出了属于我的最真诚的回应……"

吸气，呼气，"我允许他人对我的指责，对我的误解……"

吸气，呼气，"幸运的是，万事万物都在变化，误解也会随着时间而变化……"

吸气，呼气，"我允许我暂时地混乱和迷茫……"

吸气，呼气，"我允许自己不是万能的……"

吸气，呼气，"我允许事情按照自己的节奏运作……"

吸气，呼气，请你花一点时间，感受这份允许。

现在，我们的练习即将结束。在之后的生活里，你随时都可以进行这个练习，如果情绪反应比较大，你也可以选择在某个独处的空间内进行。当你回忆起某个特别不舒服的场景，并且在那个场景下，你并没有说出自己真心想说的话，没有做出真实而恰当的反应，那么，你可以在练习中把那些没有说出的话说出来，让那份压抑的情绪流淌出来。

现在，你可以慢慢地睁开眼睛，带着这一份对自己与处境的承认和允许，回到当下。

从高压工作到应对自如

管理者、老师、医生、律师、警察……生活中有许许多多的岗位，其本身就具有极大的挑战性，而身处其中的人们更是会面临比常人更多的压力。

F是一位充满活力的青年教师，然而，她时常在处理学生问题时感到力不从心，工作的压力和繁重使她逐渐感到疲惫和焦虑。深夜，她仍在批改作业，对学生的问题也变得不再像从前那样有耐心。

在她刚开始接触正念的时候，她发现很难将注意力集中在一点上，思绪总是飘忽不定。然而，通过坚持练习和深入体验，F逐渐掌握了正念的力量，她的情绪得到了调整，对学生们的不同需求也能更好地应对。

学生们总是充满活力且多变的，时而活泼开朗，时而疲惫困倦。过去，这些变化常常让F感到无奈和沮丧，但现在，她学会了用正念的方式去观察和感受自己的情绪，保持冷静和耐心，引导学生们积极面对学习和生活的挑战。

为了帮助学生更好地理解和应用正念，F鼓励学生写正念日记，记录自己内心的变化和成长。当课堂变得嘈杂无序时，F不再像过去那样焦虑地大喊"保持安静"，而是引导学生们一起进行几分钟的正念呼吸，使他们的心灵得到平静和放松。

随着时间的推移，F发现正念不仅在课堂上发挥了作用，还延伸到学生的家庭生活中。她看到学生们在家庭中的表现变得更加积极和和谐，这让她深感欣慰。

下面，我们就一起来进行一次 F 的冥想练习。

F 平常很少关注自己的身心状态。身体扫描冥想，即是对身体每一刻的体验进行深入地察觉。其实，当我们有条不紊地探索身体的每个部位时，就能更清楚地察觉身体在每个当下的状态与感受，让身体成为意识的锚点，通过移动意识锚点实现对身体的察觉与放松。身体扫描冥想可以帮助我们更加熟悉身体每个部位的感觉，舒缓身体的紧张或僵持，沉淀精神上的杂念，从而得到身心压力的释放。让我们从头顶、肩膀、腰部、腿部，再到脚趾，完整地感受每一寸身体部位和每一次呼吸，开始探索身体的每个部分，感受脉搏的跳动，然后，把注意力聚焦于身体的某个部位，让气息游走在我们的身体之间。

在繁忙的学习生活中，你可能很少尝试脑海里没有任何念头和想法的时刻。这个练习可以让你体验头脑中意识清明的感受。这种状态有助于你在学习时神情专注，工作时效率倍增，看待事物更加深邃，意识所及之处更加高远。